中公新書 2668

中村圭志著

宗教図像学入門

十字架、神殿から仏像、怪獣まで

中央公論新社刊

はじめに

先に上梓(じょうし)した『教養としての宗教入門』は大宗教の歴史と教えの簡便なガイド、『聖書、コーラン、仏典』は文字通り主要な教典の総合ガイドとして構想したものであった。

三冊目の本書は、諸宗教のシンボルや図像、空間的な表象を横断的に眺めて、古典的な宗教の世界観をまた違った角度から紹介することを狙いとしている。

つまり、宗教はドグマや戒律や教典ばかりで成り立っているのではなく、美術のような感性的なものが果たす役割も大きいということを「イメージトリップ」を通じて実感していただくというのが本書の目標である（感性といえば読誦、御詠歌(ごえいか)、賛美歌、舞踊など聴覚芸術や身体芸術の果たす役割も大きいことはもちろんだが、これは本書の守備範囲ではない）。

前二作と異なり、本書ではキリスト教、イスラム教、仏教……のように宗教ごとに章立てをせず、諸宗教に共通するモチーフごとの章立てとした。つまり、シンボルマーク、絶対者、開祖、聖者、天使、聖なる母、修行、陰と陽、終末と来世……といった、よくあるモチーフないしトピックを拾い上げていくのである。宗教学的に興味深い主題を、網羅的とはいかないまでも、概(おおむ)ねカバーするように工夫したつもりだ。

また、狭い意味での図像を超えて、寺院や教会、聖地や巡礼地などの空間的な構造にも目配りした。というのは、神話や儀礼からなる宗教の世界観は、霊的象徴を通じて自然空間に広がり、儀礼を通じて身体、祭壇、神殿、環境、世界全体のそれぞれを対応させるからである。西洋でも東洋でも形而上的奥義として小宇宙(ミクロコスモス)（人間の身体）と大宇宙(マクロコスモス)（環境世界の全体）の照応関係が説かれる。そういう世界観の一端が垣間見えるように努めた。

もちろん、宗教ごとに教理は異なるので、宗教の図像や空間を単純に横断的に語るわけにいかない場合も多い。たとえば同じ一神教でも、キリスト教では開祖を神としており、その神を詳細に図像に描くという伝統があるが、イスラム教にはそういう思考はない。イスラム教は偶像を刻まないことを誇っているが、ヒンドゥー教、仏教などインド生まれの宗教は、シュールなほどに神々（あるいは諸仏）の図像を増殖させている。無数にある立像や坐像のポーズや持ち物から教えを読み取ることが何よりも重要な伝統もあれば（たとえば仏教図像学）、むしろ壁画などに描かれた教典の挿話のシーンを正しく読み取ることが大事であるような伝統もある（たとえばキリスト教図像学）。

かように力点がみな違っている。本書ではそうした差異にも極力言及するようにした。ただし本書の目的は各宗教の全般的特徴を伝える点にあり、仏像なり聖書絵画なりの約束事を網羅的に伝えるものではない（それらについては仏教図像学、キリスト教図像学を専門的に扱う書籍にあたってほしい）。

なお、各宗教の歴史や教えについての簡単な解説を付録ページにまとめた。時空間を横断する旅の途中で迷子にならないように、随時参照いただきたい。

目次

PART I

教えの本質の象徴化

シェイク・ロトフォッラー・モスクのドーム内部
（エスファハーン、イラン、17世紀）

第1章　十字架と法輪——諸宗教のシンボルマーク

四大宗教のシンボルマーク

世界で信者数の多い宗教は、西からキリスト教、イスラム教、ヒンドゥー教、仏教である。キ・イ・ヒ・仏と並ぶから「紀伊の秘仏」と覚えておくと便利である。それぞれのシンボルマークとしてよく知られているのは、十字架、新月（の意味で描かれた三日月）、聖音オーム、法輪（ほうりん）だ（1-1）。

【キリスト教】キリストは十字架上に死んで復活したとされる。この神学の上にキリスト教が成り立っているのだから、十字架の形をシンボルとして採用しているのは納得がいく。三、四世紀ごろからの習慣である。

【イスラム教】イスラム暦は月の満ち欠けを基準とした太陰暦だ。だからたとえば断食月であるラマダーン月の開始の儀礼を行なうとき、新月の確認が儀礼開始の合図となった。か

1-1　四大宗教とその一般的シンボル

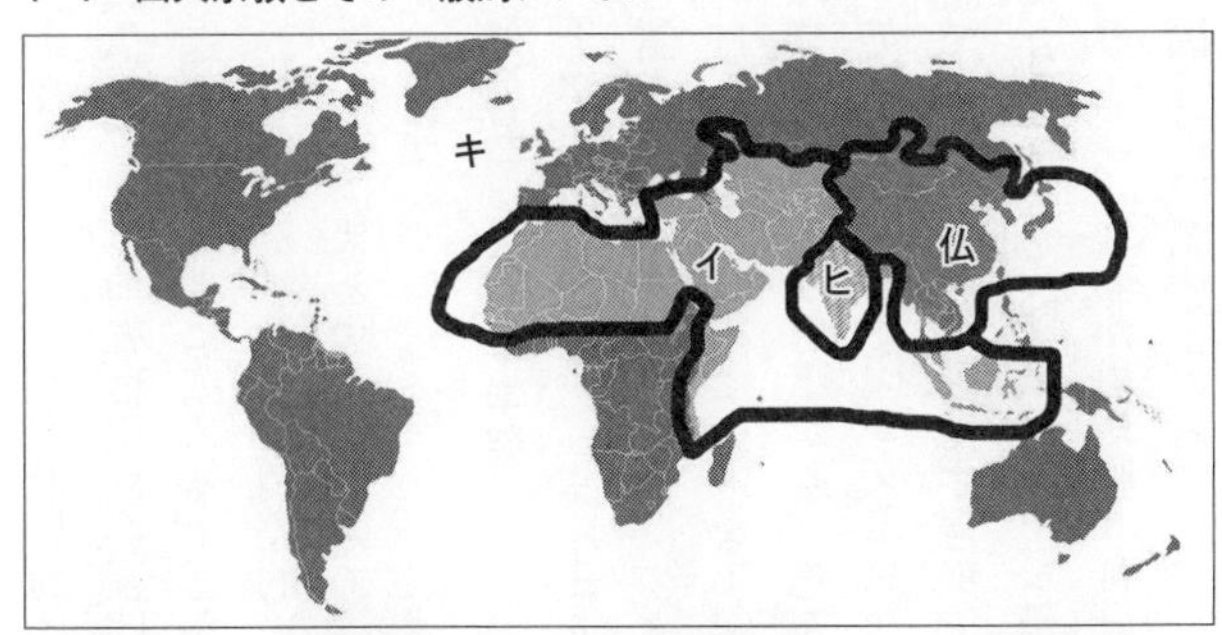

キリスト教　イスラム教　ヒンドゥー教　仏教

くして一一世紀ごろから新月（実際には三日月の形）をモスクの頂上の飾りとして使うようになり、近代になってこれがイスラム教の印として定着した。

【ヒンドゥー教】紀元前からインドの婆羅門（祭司）たちは呪文を唱えるときオーンという聖音を発した。インドの文字体系でＡＵＭと綴られ、オームとも読まれる。ヒンドゥー教では、ＡＵＭの三文字のそれぞれが創造神ブラフマー、保持神ヴィシュヌ、破壊神シヴァを象徴するともされる。ＡＵＭはインド生まれの諸宗教が共有する呪句だが（仏教の密教も「唵」という形で取り入れている）、現代ではデーヴァナーガリー文字で書かれたものがヒンドゥー教のマークとして世界的に認知されている。

【仏教】紀元前五世紀に婆羅門的伝統から離れて独自路線を歩むようになった仏教では、釈迦の教えを世に広めることを象徴する車輪状の図形を、浮彫などで表してきた。今日、仏教のシンボルとして国際的に通用しているのはこの法輪である。

次に十字架と法輪について、少し詳しく説明しよう。

処刑具であった十字架

十字架は英語でクロスcrossと呼ばれるが、語源はラテン語のcruxである。新約聖書の言語であるギリシア語ではスタウロスと言う。罪人を固定して死ぬにまかせる棒杭だが、腕を打ち付けるために横木をT字形あるいは十字形に組み合わせてある。腕を広げた罪人の頭は自重でだらりと下がり、息ができなくなって死ぬ。凄惨である。

英語crossは×印や交差点など「十字形」の意味を派生させたが、ラテン語でもギリシア語でも「十字形」を指す言葉ではなかった。この処刑具に罪人を打ち付けることをラテン語でcrucifixioと呼び、「磔」と訳す。ただし漢語「磔」は体を引き裂く刑で、日本語「はりつけ」は、地面か板に張り付けて釘などでとどめをさす刑なのだそうだ。

福音書の記すところでは、ナザレのイエス（紀元前四年ごろ〜後三〇年ごろ）はユダヤ人宗

1-2　キリスト教の様々なシンボル

よき羊飼い（古代ローマ）

クリスモン

魚

教家として「神の国」の到来を告げ、民衆の病気治しを行ない、愛を説き、偽善的な宗教社会体制を批判した。そのため祭司たちによって冒瀆者として裁かれ、最終的に実質的支配者であるローマへの反逆者として十字架にかけられた。

死後に復活の噂がたち、イエスの死は人類の罪を贖うものとして神学化された。最初のうち、信者はユダヤ人に限られていたが、やがて様々な民族に伝道が進み、ユダヤ教本体から切り離されて独立の宗教となった。四世紀にはローマ国教となるまでに成長した。

初期信者の地下墓地（カタコンベ）の壁には、キリストを若きよき羊飼いとして描いたものがある。「ヨハネによる福音書」10章の記述にちなんだものだ（1－2左）。三世紀ごろからキリストを意味するギリシア語ΧΡΙΣΤΟΣ（クリストス）の最初の文字二つを組み合わせたクリスモンという図形が信仰の印として使用されるようになり

1-3　様々な十字架

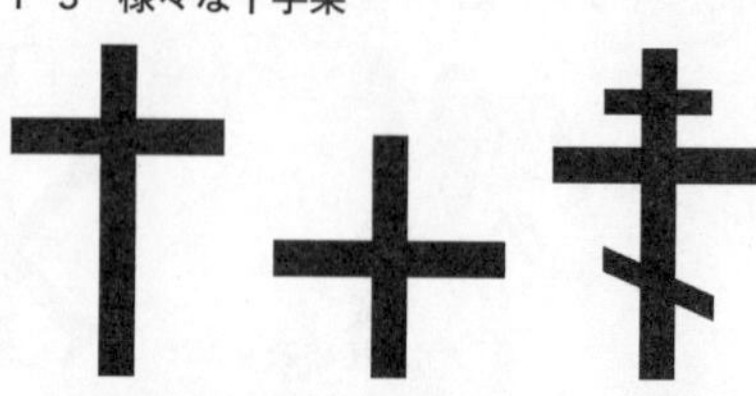

ラテン十字　ギリシア十字　ロシア十字

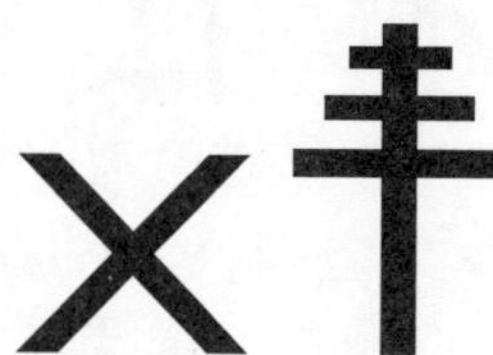

ケルト十字　アンデレ十字　教皇十字

（1-2右上）、同じころ、十字形もまたシンボルとなった。刑具スタウロスが本来どのような形状だったにせよ、シンボルとしては十字形として定着した。XPのXの形がイメージとして影響したのではないかとも言われる。十字形はそのまま人間の形を思わせるところも図像的に有利であった。

キリスト教のシンボルとしてはさらに、魚の形がある（1-2右下）。ギリシア語でΙΗΣΟΥΣ（イエースース）　ΧΡΙΣΤΟΣ（クリストス）　ΘΕΟΥ（テウー）　ΥΙΟΣ（ヒュイオス）　ΣΩΤΗΡ（ソーテール）（イエス・キリスト、神の子、救い主）と書いてその頭文字を集めればΙΧΘΥΣ（イクテュス）となり、これがギリシア語で「魚」を意味するため、魚の形が古代からキリスト（教）の象徴として使われていた。

なお、十字架の形状には様々なバリエーションがある（1-3）。最も一般的なのは横木が上方にある「ラテン十字」である。「ギリシア十字」は縦横の長さが等しく、中央で交差する。ロシア正教会の「ロシア十字」では足載せ台と頭上の罪状書きの短い板が描かれる。

ケルト系の教会で使われる「ケルト十字」はラテン十字に輪を組み合わせたもので、しばしば独特の網目模様をもって装飾的に描かれる。X型の「アンデレ十字」は、X型の処刑具にはりつけられたとされる聖アンデレに由来するが、文字Xのイメージも合流しているだろう。スコットランド旗に含まれ、英国の国旗の白いクロス部分ともなっている。さらに教皇の印としての「教皇十字」（横木が三本）などがある。

伝道の快進撃を意味する法輪

仏教の代表的なシンボルマークである法輪は、開祖の釈迦（紀元前四六三年ごろ〜三八三年ごろ）が三五歳で悟りをひらいて弟子に教えを広めたことを象徴する記号である。インドのサンスクリット語でダルマ・チャクラと言うが、ダルマは法すなわち真理の教え、チャクラは輪である。戦車の車輪であるとも、手裏剣のような円盤型の武器であるとも言われるが、いずれにしても教えがどんどん広まっていくことを意味する。

仏伝によれば、釈迦が菩提樹の下で悟りをひらいたとき、自らの悟りがあまりに深遠なので誰も理解してくれないだろうと考え、伝道布教を躊躇（ちゅうちょ）した。このことを知った神ブラフマー（梵天（ぼんてん））は、釈迦の前に急行し、ぜひとも教えを説いてくれと懇請する（これを梵天勧請（かんじょう）と言う）。そこで釈迦は考えを変えて、昔の修行仲間を最初の弟子とした。この最初の説法の出来事を初転法輪と呼ぶ。教えの車輪を初めて転じた、ということである。

初期の仏伝レリーフでは、説法する釈迦の位置に人の姿はなく、代わりに法輪がある。釈迦その人を描くことはタブーとされており、法輪が釈迦の代理的な表象となったのだ。

紀元前三世紀にインドを統一して仏教に帰依したアショーカ王は、インド各地に記念柱を建てた。その柱頭を飾っていた獅子の像が出土しているが、そこにも法輪が彫られている。スポークが三二本もある見事な車輪だ。

ちなみに獅子――仏典の書き方では師子――もまた釈迦の象徴である（釈迦が説法することを「師子吼する（ライオンが吠える）」と言う）。

法輪と並んで釈迦のメタファーとなったのは、悟りの瞑想をしたときの菩提樹（ピッパラ樹、日本の菩提樹と異なる）や、釈迦の死後に骨（仏舎利）を納めて築いた土饅頭型の塔（仏塔）であった（1-4）。

なお、日本では卍（まんじ、万字）が仏教寺院を表す地図記号となっている。これもまた由緒あるもので、吉祥を意味する記号として仏足石や仏像などに印された歴史があ

1-4　釈迦を表す菩提樹、法輪、仏塔（インド、2世紀）

る。

インドの言語で「スワスティカ」と呼ばれる卍はヒンドゥー教でも用いられるばかりでなく、世界中で同種の図形が様々な霊的シンボルとして用いられてきた。しかし一九世紀に古代アーリア人のシンボルだとの説が信じられ、そのためアーリア人種主義を奉じるナチス党のマークとして採用された（斜めの逆卍）。これ以降、紛らわしさを回避するために、卍形のシンボルを仏教の印として国際的に使用するわけにはいかなくなった。

その他の宗教のシンボル

世界宗教地図などで分布が描かれる伝統的宗教としては、他に、中東生まれのユダヤ教、ゾロアスター教、インド生まれのジャイナ教、シク教、東アジア生まれの儒教、道教、神道などがある。各宗教の代表的なシンボルマークを1-5に示す。それぞれの宗教のあらましについては巻末をご

1-5　シンボル的に用いられる図像

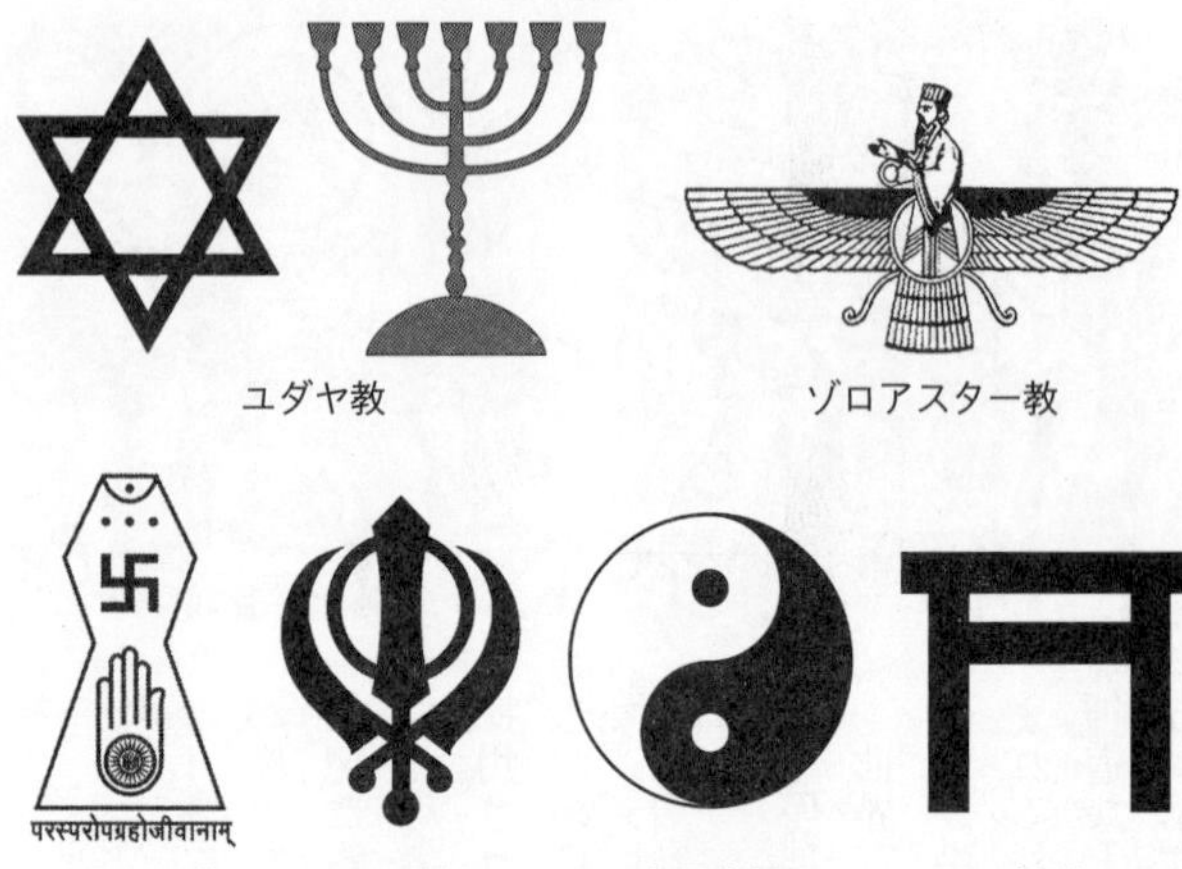

ユダヤ教　ゾロアスター教

ジャイナ教　シク教　中国宗教　神道

覧いただきたい（二五二ページ）。

【ユダヤ教】カゴメ形の「ダビデの星」をシンボル的に用いるようになったのは案外と新しく一四世紀のことだという。一七世紀に一般化し、一九世紀にヨーロッパ社会で定着した。紀元前一〇世紀ごろのイスラエルの王ダビデの楯に星が刻まれていたことにちなむとされる。七枝の燭台メノラーの形などもユダヤ教のシンボルとなっている。

【ゾロアスター教】紀元前一千年紀からあるペルシア生まれの宗教だが、フラワシと呼ばれる守護霊がシンボルとして使われる。ゾロアスター教は中世以降衰退し、現在ではインドのムンバイ付近にパールシー（ペルシア人）の名で暮らす少数の信者がいる。

【ジャイナ教】仏教と並ぶ古さを誇るこの宗

教のマークが採用されたのは一九七四年とごく最近のことだ。天と地と地獄を示す輪郭、解脱(げだつ)を示す点、正しい信念、知識、行為を示す三点、輪廻(りんね)の四種の生態を示す卍、不殺生(アヒンサー)を象徴する法輪つきの手などから成る。

【シク教】イスラム教の影響のもとに一六世紀にヒンドゥー教から派生したシク教のシンボルとしてはカンダがある。両刃の剣、片刃の剣二本、円形の飛び道具を組み合わせたもので、もともと軍事的な象徴であったが、現代になってシク共同体のシンボルとなった。

【儒教と道教】紀元前六、五世紀の孔子を開祖とする儒教、そして通例セットで実践されている民間信仰的な道教にはっきりとしたマークがあるのかどうか分からない。ただ易経(えききょう)の陰陽の概念に由来する太極(たいきょく)図は、しばしば両宗教と結びつけられている。

【神道】神社の前に置かれる鳥居は明治期に神社の地図記号となった。とくに厳島(いつくしま)神社にあるような朱塗りの鳥居の図像は神道の印として国際的によく知られている。

以上、諸宗教のマークの多くは、比較的近年になって他宗教との識別のために採用されたものである。とはいえ、採用された図形そのものには、多くの場合、歴史的な由緒があり、教理や理想が封入されているのである。

第2章　空と偶像禁止――見えない神をどう描くか

神様や真理は絵に描けないし像に刻めない。この点を強調する伝統もある。図像学そのものが成り立たなくなってしまう主張だが、まずはこの思想から案内するとしよう。

図像を超越した存在

人類が発達させた言語なるものは、目の前に存在しないものについても語ることができる。おそらくこれが人類が霊や神々の神話をもつことになった根本的な理由だろう。数十万年も続いた原初の狩猟採集生活は、動物などに範をとった精霊の図像を生み出した。一万年ほど前からの農耕生活がもたらした階級社会や帝王のイメージもまた、天界の王族のような神々や天人の図像を生み出した。

そうした神なる存在は、力においても徳性においても人間の理想化された姿であるが、やがて神なる存在を図像にするのは畏れ多いという観念が生まれた。いわゆる偶像制作および偶像崇拝の忌避である。

偶像禁止をはっきりと信条にしたのは、紀元前一三世紀ごろに歴史に姿を現したイスラエル人（ヘブライ人、後世のユダヤ人）である。彼らは教典（旧約聖書）の中に「あなたは自分のために彫像を造ってはならない」「それにひれ伏し、それに仕えてはならない」としっかり書き込んだ（「出エジプト記」二〇章）。半遊牧民的な出自をもつイスラエルの民は、周囲の農耕民族が豊穣神の神像を刻んで猥雑な儀礼を行なっているのを見て、それらと自分たちの信仰を潔癖に区別しようと思った。像を拝まないことが信仰の純粋性の象徴となったわけだ。

イスラエルの民は、さらに、自分たちの神ヤハウェを民族性を超越した普遍の神、唯一絶対神と解釈するようになった（紀元前六世紀ごろ）。かくして生まれた一神教から、一世紀にキリスト教が、七世紀にイスラム教が派生した。いずれも偶像禁止の建前を受け継いだ。

聖櫃と律法の巻物

旧約聖書はユダヤ教とキリスト教の教典である。旧約聖書の冒頭の五書を「律法」あるいは「モーセ五書」と呼ぶ。天地創造やアダムとエバ（イヴ）の失楽園など神話的記事に富む

「創世記」、イスラエル民族の英雄モーセが神から啓示を受けた経緯を記した「出エジプト記」、そして無数の戒律を記した「レビ記」「民数記」「申命記」である。

「出エジプト記」には戒律中の戒律たる「十戒（じっかい）」が記されている。ヤハウェ神のみを拝むべきこと、偶像の禁止、一週間に一度の安息日の遵守、殺人や盗みや姦淫（かんいん）の禁止など一〇の項目がある。

「出エジプト記」の記すところでは、神は二枚の石板に手ずから文字を刻んでモーセに渡した。石板そのものは歴史的に実在していたようで、聖櫃と訳される箱（英語は ark）の中に丁重に納められ、上にケルビムと呼ばれる一対の有翼の怪獣の像を狛犬のように置いて護りとした。二本の棒を渡して神輿（みこし）のように運び、幕屋と呼ばれるテント状の組み立て式神殿に納めた。中身を見ようとする者は神の威光に当てられて焼け死んでしまう。2－1はスピルバーグ監督の『レイダース／失われたアーク《聖櫃》』（一九八一年）に登場した聖櫃を描いたものである。紀元前のいつかの時点で実際に失われてしまった聖櫃の正確な形は不明だが、いずれの復元案もこれと似たものだ。

2-1　聖櫃（映画『レイダース／失われたアーク《聖櫃》』のシーンから）

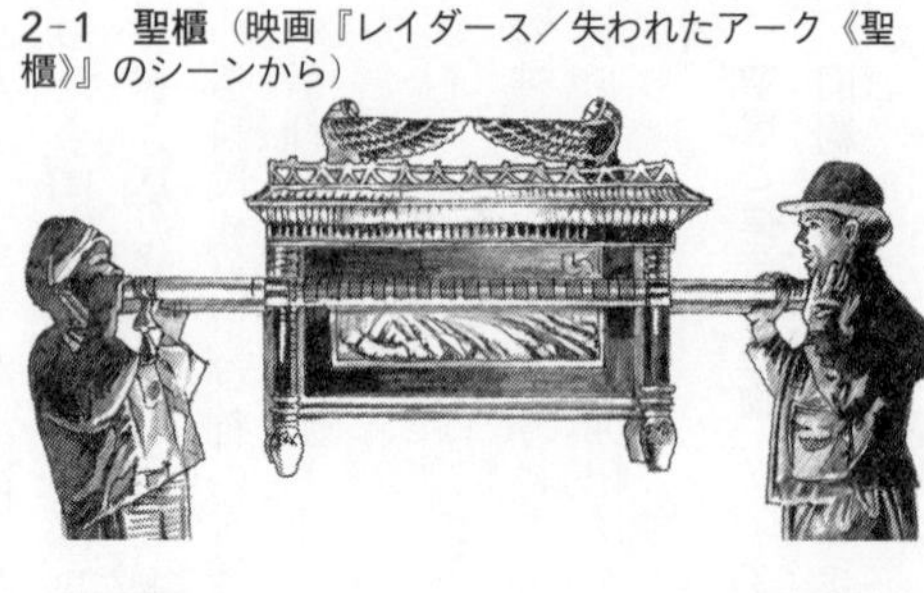

ともあれ、十戒の石板、それを納めた聖櫃、それを納めた幕屋あるいは神殿が、いわば神そのものを代理する表象となっていることに注目されたい。ユダヤ人は神の像は刻まなかったが、そのぶんだけ石板や聖櫃という呪力を帯びた物品を大いに尊崇したのである。

なお、石板も聖櫃もない現代では、ユダヤ教徒は幾本かある律法の巻物を礼拝堂（シナゴーグ）に安置し、これを神からの授かりものとして丁重に扱っている。そうした律法の巻物は神の代理表象と化していると言えるかもしれない（2-2）。

2-2　律法の巻物

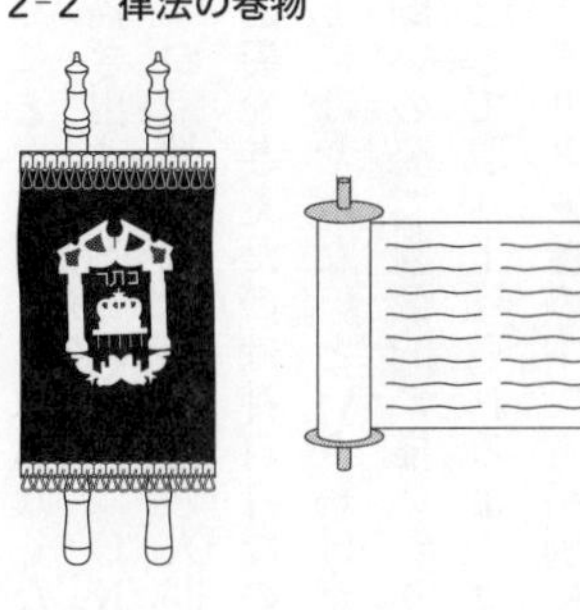

ちなみにモーセの十戒は、ヤハウェという名前をみだりに呼ぶことも禁じている。ユダヤ人は聖書の中のיהוהという文字（右から左にYHWHと書かれ、本来ヤハウェと読まれた）を「主（アドナイ）」と読み替えて読むようにしたのだが、そのせいでこの文字の正確な発音は忘れ去られた。近代の言語学が発音を復元するまで、西洋の一神教徒は、母音を間違えたイェホウァ（エホバ）が旧約の神の名前だと思っていた。

人間の姿となった神

面白いことに、ユダヤ教から派生したキリスト教は、神を描くことをタブーとはしなくなった。絵や彫像を崇拝するのはいけないとしても、図像として描き出すことそれ自体はＯＫだと考えなおしたのである。タブーがゆるんだ一番の理由は、この宗教では「神が自ら人間イエスとして地上に現れた」としていることだろう。神に地上的姿を与えたのは神自身なのだから、その姿を描いたからといって人間が偶像を創作したことにはならないというわけだ。第1章で触れたように、初期のキリスト教徒はキリストを羊飼いの姿で象徴的に描いたりしていたが、後世、イエスの生涯と死の各場面が絵画的テーマとして取り上げられるようになり、ビザンツや西洋中世の芸術が開花した。

キリスト像の中でも格別に興味深いのは「写像」型の一群である。ある伝承によると、イエスが世にあったころ、病気治しの噂を聞きつけた小国の王がこの生き神様を呼び寄せようとした。しかしイエスは旅に出るかわりに顔をぬぐった布を王の使いに持たせた。この布には不可思議なことにイエスの顔が写真のように映っており、霊験あらたかなることこの上なかった。後世この布の写像の絵筆による写しとされるもの――マンディリオン（意味はハンカチ）――があちこちに伝承され、十字軍時代に西方にも伝わった。伝来品を見てみると、頭と髭の輪郭でくり抜かれ、窓のあいた銀細工の額縁に納められているその顔は、あまり上手とは言えない絵そのものであり、少しも写真的ではない（2-3左）。

マンディリオンに倣（なら）ったのであろうか、西方にはヴェロニカなる婦人がキリストの顔の映り出た布を広げて見せている図像も伝わっている（2-3右）。十字架を背負ったイエスがこの婦人の差し出した布で顔をぬぐったとされる。婦人の名はヴェラ・イコーナ（真の聖像（イコン））に由来する。

マンディリオンやヴェロニカよりも写像として真に迫っているのは、一四世紀にパリ近郊で発見され、のちトリノに移された有名な聖骸布（せいがいふ）（キリストの埋葬に使った布）である。この正体は様々に推測されているが、はっきりしない。制作年代は一四世紀ごろらしい。

2-3　写像型キリスト像

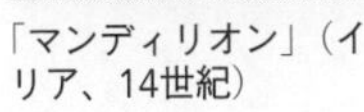
「マンディリオン」（イタリア、14世紀）

「ヴェロニカ」（ドイツ、15世紀）

なお、かつて東方教会では（隣のイスラム圏の影響もあって）聖像（イコン）を描くことの正当性が疑われたことがあった。その時期の聖像破壊運動をイコノクラスム（八～九世紀）と呼ぶ。結局、論争は終結し、イコンは正当にして有難いものだということで落ち着いた。呪物として偶像崇拝してはいけないものの、聖像には神という存在の本質が表現されているとみなされるようになった。

イスラム世界のアラベスク

キリスト教に次いで世に登場した一神教であるイスラム教では、偶像禁止をかなり厳格に守っている。神――アラビア語でアッラー――の姿を絵に描くことも像に刻むこともない。神の啓示を受けたとされる預言者ムハンマドの姿を描いた写本はたくさんあるが、それでも禁忌は強く、ムハンマドの顔を白抜きにしているものもある。

イスラム教の礼拝施設であるモスクには、神像の類（たぐい）は一切ない。信者はメッカのカアバと呼ばれる太古の多神教の神殿跡の建築物に向かって日に五回の礼拝を捧げる。世界中どこにいても礼拝のときにはこのカアバの方角（キブラと呼ばれる）に顔を向ける。モスク内にはキブラを示すミフラーブという壁龕（へきがん）のようなものがある（2-4）。

なお、キリスト教徒にとってキリストが「神の子」であるように、イスラム教徒にとってコーランは「神の言葉」である。だからキリスト教徒がキリスト像や十字架を丁重に扱うように、イスラム教徒はコーランを極めて丁重に扱う。そういう意味ではコーランという文書そのものが神の代理表象の役割を果たしていると言えるかもしれない。

イスラム教は美術そのものを禁止したわけではないが、宗教的行為の中から彫刻や絵画の制作が概ね抜け落ちた。しかしそのかわりイスラム教徒はモスクの壁を美しい幾何学模様のタイルで埋め尽くした。また、アラビア語とアラビア文字で記されたコーランの聖句はそのまま聖なる書道として複雑性を増していった。

モスクのドームや半ドーム状の空間を覆う、眩暈（めまい）をさそう複雑怪奇でリズミカルな幾何学的図形は、まるで神から発せられる光のシャワーのように見える（たとえばイランのシェイク・ロトフォッラー・モスク：一ページ）。イスラム教には神を「天と地の光」と表象し、世を神の光を受けた光景と捉える神秘主義思想もある。

2-4　モスク内のミフラーブとミンバル（説教壇）

「空（くう）」——偶像禁止に対応する概念

一神教と異なり、多神教世界では一般に神々を図像化することに抵抗はない。とはいえ、真理は偶像的な図像では描けないという思想がなかったわけではない。

仏教世界には諸仏諸菩薩の無数の図像があふれているが、建前としてはそれらはあくまで瞑想修行のための便宜である。第1章で触れたように、最初期には釈迦の姿を直接描くことには遠慮があ

2−5　**円相**（白隠禅師、18世紀）

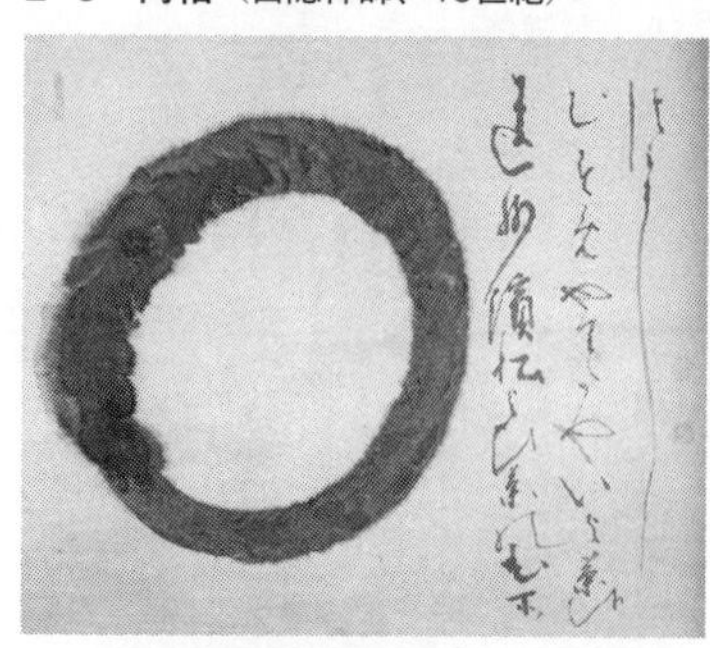

2−6　**指月布袋図**（仙厓義梵、19世紀）

り、菩提樹、法輪、仏塔などで代理的に表象した。

　仏教では、像だろうが現実の事物であろうが、それ自体には執着すべき実体がないという「無我」や「空」の教えを究極の奥義としている。禅者は真理を「空白」や空白の暗示としての円（円相）で表現するようになった（2−5）。仙厓（せんがい）の禅画は真理を語る表象が月を指す指のようなものであることを暗示している（2−6）。密教でも悉曇（しったん）文字（サンスクリット語の表記法の一つ）のaの文字（𑖀、阿字）が、全文字の筆頭であり、かつサンスクリット語で否定の接頭辞a-に通ずるということから、「空」の象徴として瞑想に用いられる。

第3章　三位一体(トリニティー)と三神一体(トリムールティ)——絶対存在の奥義

神ないし究極の真理は一つだと主張している場合も、その神や真理が完全に一つにおさまってくれない場合がある。たとえばキリスト教では神は三つの姿で拝まれる。本章では究極の奥義の込み入った事情を図像的にどう描いているかを見てみよう。

三位一体(さんみいったい)（トリニティー）の神

キリスト信仰では、神は人間イエスとなって現れた。キリスト教ではユダヤ伝来の天地創造神も「父」なる神とする。さらに信徒を導く「聖霊」も神だ。父と子（キリスト）と聖霊は三位一体である。神が三柱あるのではなく、同一の神が父でも子でも聖霊でもあるのだ。しかも誰かが誰かに化身しているのでもなく、時代とともに神が姿を変えてきたというわけでもない。あくまで3＝1という超論理なのである。

3-1　叙景的な三位一体図（16世紀のデューラーの絵から）

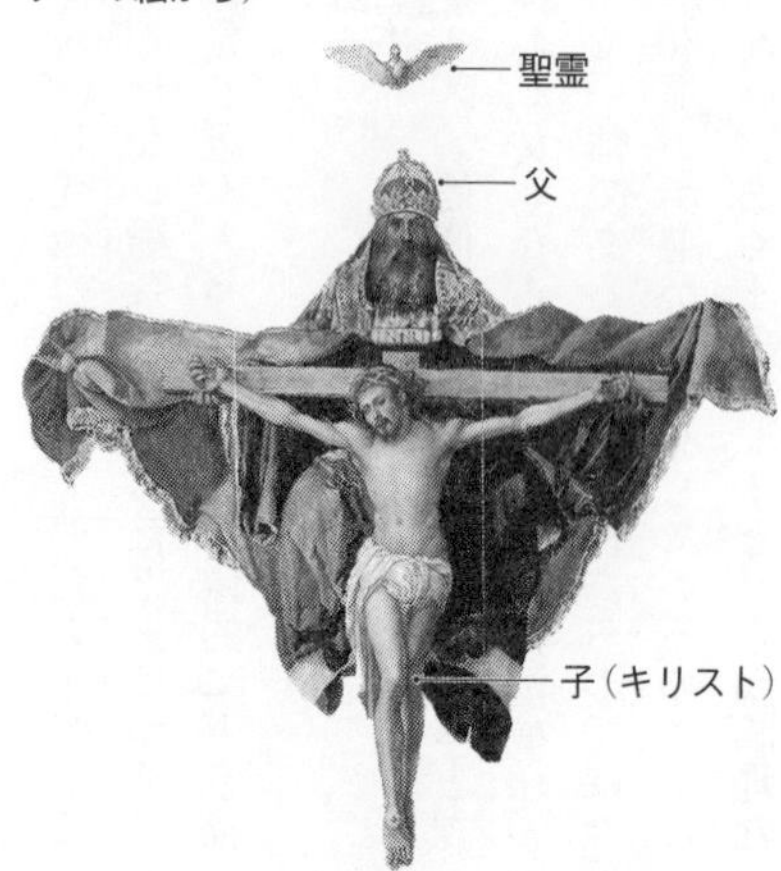

3-2　三位一体の図式的表現

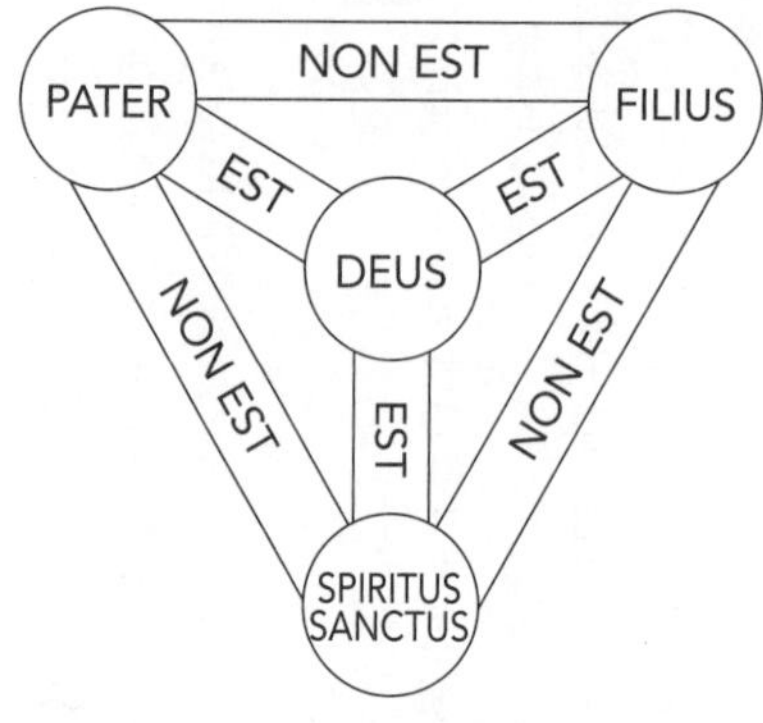

神学的表現ではこうなる――《父、子、聖霊の三者はそれぞれ三つの自存者（ヒュポスタシス）でありかつ一つの実体（ウーシア）である。あるいはそれぞれ三つの位格（ペルソナ）でありかつ一つの本質（エッセンティア）である》。

信者は難解な定式の意味を理解して信仰しているのではない。歴史的経緯が生み出した――その意味で政治的な解決とも言える――定式を、人知を超えた奥義として受け容れているのだ。理性で分からないから信仰するのだとも言われる。信仰の信仰たる所以（ゆえん）である。

図像的には、父、子、聖霊のうち歴史的実像のある子キリストのみを絵に描くのではなく、父のほうも白髭の老人として、聖霊もまたハトとして象徴的に描く。いずれも偶像禁止規定には触れないことになっている。

3-1はこの御三方を重ねて描いた図像だ（デューラーによる）。「三位」が描かれているわけだが、それが「一体」であることを絵から直観するのは無理だろう。ずばり三位一体を図像化するとなると、中世からある3-2のような模式図として描くしかない。DEUS⇩神、PATER⇩父、FILIUS⇩子、SPIRITUS SANCTUS⇩聖霊、EST⇩～である、NON EST⇩～でないとして読み解いていただきたい（いずれもラテン語）。

3-3　三位一体＝至聖三者（アンドレイ・ルブリョフ、ロシア、15世紀）

東方正教会のイコンの名品として知られるアンドレイ・ルブリョフの『至聖三者』は、御三方を天使で描いた（3-3）。向かって左にいる天使が父、中央

が子、右が聖霊を象徴する。イスラエル民族の父祖である族長アブラハムを訪ねた三天使（「創世記」一八章）を神の三位に当てたものだ。三天使の輪郭は円を構成し、永遠を象徴するとされる。

なお、マタイ、マルコ、ルカの三種の福音書が描写するイエス洗礼の場面には、ヨルダン川に浸かるイエスのみならず、父の声も、天から降るハトのような「霊」も登場する。父は子に「私の愛する子、私の心に適う者」と声をかけたとある。だからイエス洗礼の聖画なども、三位一体を間接的に示していることになる（5-6参照）。

仏身論と曼荼羅

キリスト教の教理がかくも複雑なのは、ヤハウェのみを神とするユダヤ教から救世主キリストを神とみなしたキリスト教が派生したという歴史的経緯による。一世紀にキリスト信仰が勃興してのち、四百年にわたってキリストが何者であるかをめぐる論争が続いた。信者たちには神から聖霊が送られたとされていたので、この聖霊の位置付けも問題となった。教理をめぐって原初の教会が分裂しそうなところを、また、ヤハウェとキリストと聖霊の三神教になってしまいそうなところを、なんとか一神教の建前を護持せんとしてまとめ上げたのが三位一体論であった。

インドから東の多神教の世界では、「是が非でも神を一個の存在としてまとめたい」という欲求はなかった。神々は多様なままでよい。様々な姿で現れる神々は、人間たちにご利益を授けるばかりでなく、悟りの修行の助けとなってくれる。神々やブッダは無数に存在するのみならず、化身によって容易に増殖する。このあたり実に融通無碍である。

多神教の伝統は神を究極存在とはしなかったが、究極の真理あるいは人生倫理を求めようという意欲はあった。仏教にはダルマ（法）という単一の目標がある。ヒンドゥー教にはブラフマン（梵）が、道教にはタオ（道）がある。

東洋の諸民族の中ではインド人が最も理屈っぽく、三位一体論に比べられるような抽象的な議論も行なっていた。たとえば歴史上のブッダ（釈迦）と釈迦入滅後に信者を導いてきた理念としてのブッダの関係を論じた仏身論というものがある。

仏身論ではまず、歴史上の釈迦の体を生身と呼び、死後に教えそのものの形で弟子たちを導く存在を法身と呼ぶ。この法身は理念空間の神のようなものだが、この神が人間として現れたと捉えれば、地上のブッダの身体は応身ということになる。逆に、人間が努力してその報いとして超人化したと捉えれば、地上のブッダは真理を体現した報身ということになる。法身、報身、応身をセットにして三身とも言う。

仏身論はかなり難解である。難易度では三位一体説といい勝負だ。仏像理解のための図像

3-4　胎蔵曼荼羅の三層構造

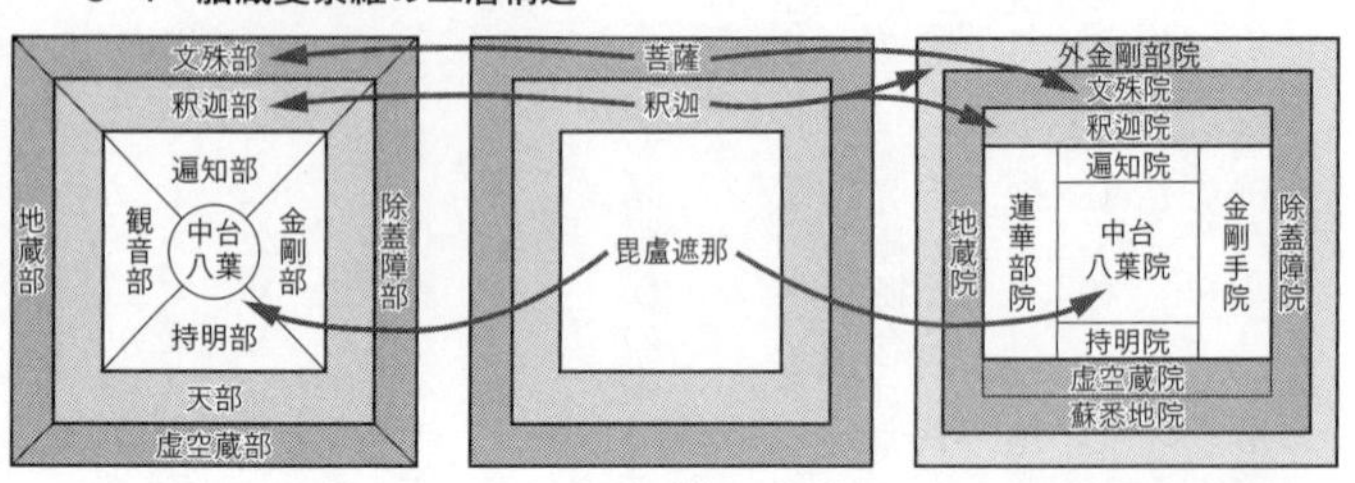

チベットの胎蔵曼荼羅　　基本構造　　日本の胎蔵曼荼羅

学的知識としては、法身のことを知っていればいい。歴史上のブッダ（開祖釈迦）の他に、理念的な法身仏がある。それはしばしば東大寺の大仏のような巨人として造形される。

仏教の一派である密教には、諸仏諸菩薩をたくさん描き込んだ「曼荼羅」と呼ばれる瞑想用の図像がある。詳しくは第15章で紹介するが、その一つである胎蔵曼荼羅が、あたかも三位一体に似た形で、歴史上のブッダ、理念上のブッダ、民衆を教化する菩薩という三種の存在を重層的に示しているので、ここで触れておきたい（3-4）。中央は基本構造を示したもので、理念上のブッダ（毘盧遮那＝大日如来）を中心とする諸尊像からなる枠、歴史上のブッダ（釈迦）を中心とする枠、文殊など菩薩たちの枠の三枠から成っている。左に示したチベットの胎蔵曼荼羅は基本に忠実だ。右に示したのは日本の（もとは中国の）胎蔵曼荼羅。かなり変異しているが、依然として三枠を基本としていることが分かる。

ヒンドゥー教の三神一体（トリムールティ）

ヒンドゥー教は紀元前二千年紀にインド半島に侵入したアーリア民族の神話体系を骨格として土着の様々な神々を統合した多神教である。太古の段階のものを「婆羅門教Brahmanism」と呼び、紀元前五世紀から千年ほどのあいだ盛んであった仏教の時代をはさんで、紀元後数世紀から復興した土着の神々の信仰体系を狭義の「ヒンドゥー教Hinduism」と呼ぶ習わしである。

インドには大勢の神々がいるが、人気のある神は時代とともに変化した。婆羅門教時代にはインドラ神（帝釈天）などに人気があったが、中世ヒンドゥー教ではヴィシュヌとシヴァという二柱の神がヒンドゥー世界を二分する人気の神となった。それぞれ様々な神格を吸収し、また様々な女性神格を神妃として取り込んで勢力を拡大したのだ。他方、婆羅門教時代からの究極概念ブラフマン（梵、宇宙のエネルギーのようなもの）はブラフマー（梵天）という神となった。

そしてブラフマーとヴィシュヌとシヴァの三つの神格を同一の最高神の三つの様態と捉える三神一体（トリムールティ）という概念が提唱されたのである（3－5）。この図式では、伝統的に宇宙の根源とされてきたブラフマーは創造神となり、伝統的に比較的温厚な性格を示すヴィシュヌは宇宙の保持を、暴風雨の神を起源とするドラマティックな性格をもつシヴ

3-5　三神一体（エローラ石窟、インド、時代未詳）

四面神は創造を司るブラフマー

円盤、棍棒、法螺貝などを持つのは保持の神ヴィシュヌ

三叉の矛を持ち蛇を巻いているのは破壊と再創造の神シヴァ

ァは宇宙の破壊・再創造（スクラップ＆ビルドのような）を受け持つことになる。

ただしこの教えは実際にはそれほど普及していないらしい。そもそもヴィシュヌ派ではヴィシュヌを最高神と考え、シヴァ派ではシヴァを最高神と考えている。つまりヒンドゥー教は二種の一神教の合成体のような様相を呈しているのだが、最高神どうしがかちあってもとくに喧嘩しないというのがヒンドゥー流儀であった。やはり多神教なのだ。三神一体論においても、三位一体のような論理的緊張は乏しいと考えるべきだろう。

三の数秘術?

三位一体も、仏身論や胎蔵曼荼羅の三層構造も、ヒンドゥー教の三神一体も、歴史的に増殖した神的存在を論理的に一つにまとめようという教理であった。三という数字が繰り返し現れるが、そこに論理的（あるいは神秘的?）必然性があるのか、単にまとまりのよい数というだけなのか、よく分からない。三に意味を認める人は、祭壇における三尊形式（仏像などを主尊と両脇侍の三体並べる様式）や、仏教の三宝（さんぼう）（信者が帰依すべき対象としての仏、法、僧）、中国思想の三才（さんさい）（天、地、人）、さらには哲学でいう「弁証法」（正・反・合の三段階に図式化されている）、近代政治の三権分立などに参考として言及することがある。

PART Ⅱ

開祖と聖人の生と死

断食苦行する仏陀像
（作者不詳、ラホール美術館、パキスタン、２〜３世紀）

第4章　降誕——クリスマスと灌仏会の図像

宗教には開祖のあるものとないものがある。ヒンドゥー教や神道は太古の昔から民族が報じていた神々の信仰がそのまま組織化されるようになったものだが、仏教やキリスト教は釈迦やイエスといった強烈な人格を中心に組織化されたものである。開祖が何もかもを造り上げたわけではない一方で、大なり小なり神話化されて語られるのが普通である。

本章と続く二つの章で、釈迦とイエスの神話的伝記を眺めてみよう。

ブッダの降誕(ごうたん)

仏教の開祖、ガウタマ・シッダールタ（ゴータマ・シッダッタとも呼ばれる）は北インドのシャーキャ（釈迦）族の小国の王子として生まれた（紀元前四六三年ごろ～三八三年ごろ）。ガウタマが家の姓、シッダールタが個人名である。シャーキャ族の聖者(ムニ)という意味でシャーキャムニ（釈迦牟尼）と通称される。

生まれてすぐに七歩歩んで「天上天下唯我独尊（てんじょうてんげゆいがどくそん）」と宣言したという話は有名だ。「世界中で私だけが尊ばれるべき存在だ」とは驚くべき自信であるが、これは仏教教団の開祖への帰依（＝服従）の教理を強調したものに他ならない。このエピソードは最も古い仏伝には採録されていない。歴史の途中で付け加えられたものである。

4-1　釈迦誕生仏（東大寺、8世紀？）

4-1は誕生仏の像である。大人のブッダがそのまま小型化したような姿ですっくと立って右手で天を指し、左手で地を指している。手塚治虫の漫画『ブッダ』の釈迦誕生シーンでは、クッションに寝かされた尋常な姿の赤ん坊が、右腕を頭のほうに、左腕を腰のほうに置く姿でスヤスヤ眠っている。赤ん坊の寝相ということで合理化したわけである。

誕生仏が広口の器の中に置かれているのは「灌仏会（かんぶつえ）」「花会式（はなえしき）」「花祭り」などと呼ばれる儀式において、釈迦に甘茶をかけて供養するためだ。今日でも四月八

4-2　捨身飼虎（玉虫厨子、法隆寺、7世紀）

日の釈迦の誕生日に各地で行なわれている。これは釈迦が生まれたときに天の竜が産湯代わりに香油を注いだという神話に基づく。なお、釈迦の誕生日を四月八日とするのは東アジアの慣行であり、テーラワーダ仏教では四～五月に相当するウェーサーカ月の満月の日とされている（同一の日に生まれ、悟りをひらき、入滅したとされる）。

インドでは宗教のいかんを問わず、あらゆる生物が延々と生まれ変わりを繰り返すという世界観、すなわち輪廻転生を当たり前としていたので、釈迦の伝記にも前世の神話が付け加えられた。だから釈迦は前世までの無数の過去世において自己犠牲的な善行を重ねてきたので、このたび世界の救済者として誕生することができたことになっている。過去世の物語を本生譚（ジャータカ）と言う。

4－2は法隆寺の「玉虫厨子」の台座に描かれた「捨身飼虎」のシーンである。釈迦は

4-3　大猿本生（バールフット、インド、前1世紀）

過去世において薩埵太子という王子であったとき、餓死しかけた母虎とその七匹の子供を救うために、我が身を崖から投じてその肉を与えたという。なお、この図は崖の上の王子、ダイブする王子、虎に喰われる王子を同時に描いている。異時同図法と呼ばれるが、古今東西を問わず広く使われる手法である。

4-3は釈迦が猿の王であったころ、猿の臣民を人間の襲撃から救うためにガンジス川に蔓を渡し、その少しだけ足りない部分を自らの体で補ったという説話を描いたものだ。

釈迦は転生の果てに兜率天という一種の天界に生まれ、そこから地上に生まれなおす。これを下天と言う。その際、現世の母であるマーヤー夫人（摩耶夫人）が、白象が胎に入る夢を見る（託胎霊夢、4-4）。釈迦は摩耶夫人の右腋から生まれたとも伝えられる（4-5）。ベルトルッチ監督の『リトル・ブッダ』（一九九三年）には釈

4-4　託胎霊夢（バールフット、前1世紀）

4-5　誕生の瞬間（法隆寺献納宝物）

迦の出生から成道までを描いた挿入シーンがあるが、それを見るとマーヤー夫人は（古代に多かったように）木につかまり立ち姿で出産をしている。赤ん坊の釈迦が「天上天下唯我独尊」と言うことはないが、大人の言葉を話し、歩いた後に蓮の花を咲かせている。ブッダ映画は稀なので、ご関心があればお薦めである。

なお、仏伝の多くの伝えるところでは、仙人アシタは瑞祥あふれる赤ん坊を見て「この子は将来俗界の王者（転輪聖王）になるか、あるいは精神界の王者（解脱者）になるであろう」と予言する。父王としては釈迦族の王となってほしいので、息子が出家など思い立つことのないよう、王宮から一切の憂いの種を取り除くことに努めるのである。

キリストの降誕(こうたん)

降誕は仏教では「ごうたん」だがキリスト教では「こうたん」だ。仏教には輪廻転生があるので、釈迦の過去世を神話化することで釈迦を特別な存在として描くことができたが、輪廻信仰をもたないキリスト伝の場合は「神の子」の誕生という形で神話化している。聖母マリアは処女でイエスを生んだ。マリアの夫ヨセフはイエスにとっては養父であり、実の父は天にまします父である。

イエスは釈迦より五世紀後の人物である（紀元前四年ごろ～後三〇年ごろ）。出身地と思われるナザレを冠して「ナザレのイエス」とも呼ばれる。キリストは救世主を意味するギリシア語クリストスの日本訛(なま)りだ。ユダヤ人の古典語であるヘブライ語ではメシアがこれに当たる。

英雄的・神的人物が処女から生まれるというのは、ユダヤ系の神話ではなく、当時この地に浸潤していたギリシア・ヘレニズム系の神話だ。

なお、旧約聖書「イザヤ書」には「見よ、おとめが身ごもって男の子を産み……」という言葉があるが、この「おとめ」（ヘブライ語でアルマー）は結婚適齢期の少女の意味であり、処女ではない。だが当時使われていたギリシア語訳旧約聖書ではパルテノス（処女）をこの語に当てていた。処女神アテナを祀るアテネのアクロポリスのパルテノン神殿と同語源である。そんな文化的行き違いもイエス降誕神話の形成を助長したと言われる。

イエスは「ナザレのイエス」と呼ばれていたので、歴史上の生誕地もナザレ（現イスラエル国北部の町）だと推定されるが、「マタイによる福音書」と「ルカによる福音書」は彼がベツレヘムで生まれたように描いている。ベツレヘムはイエスより千年も前にあった統一イスラエル王国の王ダビデゆかりの地である。ダビデは名君とされ、彼に対する思慕からメシア（救世主）への待望が始まったとされる。だから福音書記者もイエスをベツレヘムに結びつけたかったのだ。どちらの福音書もイエスの養父ヨセフがダビデの家系だとしているが、これもフィクションであるらしく、二つの系図の内容は一致しない。

4－6は一四世紀の画家ジョットが教会壁画として描いたキリスト伝の中のイエス降誕図および東方の三博士礼拝図である。シチュエーションはベツレヘムの旅籠の馬小屋。旅の途中の緊急出産だ。羊飼いがいるのは「ルカ」による。救世主イエスは世の迷える小羊たちを牧するとイメージされ、さらにイエスの十字架死はユダヤ教の重要な儀礼であった羊の生贄になぞらえられた。イエスはしばしば羊の図像によっても象徴される。

天使たちが讃美しているのも「ルカ」によるが、三博士が上空の星を目当てに礼拝にやって来たというのは「マタイ」による。博士とは占星術師のことだ。当時、星を占うのは国家や民族の命運にかかわる天変地異を予知するためであったから、三博士の出動は、イエスの誕生が世界史的な大事件であったことを暗示する。

博士からの捧げものは、黄金、乳香（にゅうこう）、没薬（もつやく）であった（福音書には三人とは書かれていないが、

4-6　イエスの降誕と東方三博士の礼拝——ジョットのキリスト伝より（スクロヴェーニ礼拝堂、パドヴァ、イタリア、14世紀）

品物が三品だったので図像では三人ということになった)。黄金は王者を、乳香は宗教儀礼を、没薬は死を暗示する。ミイラ造りなどで遺体に防腐剤としてすり込むのが没薬である。つまり羊も博士の贈り物も、この赤ん坊が将来、十字架上で犠牲の死を迎えることを暗示するアイテムなのである。

今日、クリスマスの時期に教会堂に設置されるイエス降誕のジオラマは、以上のように「マタイ」と「ルカ」の両方の記述をつきまぜた内容になっている。子供たちが演ずる降誕劇もそうだ。

エジプト逃避、嬰児(えいじ)虐殺、一二歳のイエス

「マタイ」では博士たちが当時ユダヤの地を治めていたヘロデ王のもとを訪ねる。ヘロデは「ユダヤ人の王」が生まれるという予言を聞いて不安になり、部下に地域の嬰児たちの殺戮(さつりく)を命ずる。これは史実ではなく、かつて神から十戒を授かったモーセの生誕伝承にエジプト王による嬰児虐殺が書かれているので、それにちなんだ神話的脚色だ。

ちなみにインド神話では、クリシュナ神の生誕の際に、母の従兄である王が、生まれ来る子供を続々と殺している。なお、クリシュナはヴィシュヌ神の化身であり、母は単性生殖でこの赤ん坊を生んでいる。古代人の想像力は互いによく似ているのである。

マリアとイエス、そして養父は、虐殺のあいだ、天使のお告げによってエジプトに逃避する。

イエスの幼少時に関する記述は（新約聖書の正典からはじかれた）外典などにあるが、友達を殺して再生させたりするトリックスターめいた怪童ぶりを発揮するそのイエスの姿はかなり荒唐無稽であり、通常は絵画のテーマとなっていない。イエスは三〇歳近くになってようやく宗教家としてデビューするが、それまではどこで何をやっていたか判然としない（養父に従って家業の木材加工業に精を出していたのであろうが）。

幼児期と三〇歳のあいだでは、ただ、一二歳のときに神殿でラビたちと問答をしてその神童ぶりを驚嘆されたという記事が「ルカ」にあるのみである。彼は両親とはぐれて神殿に侵入していたのだが、マリアは「お父さんも私もどんなに心配したことか」と世間の母親並みの叱り方をする。するとイエス少年は「僕は今自分の父の家にいるんだ」と答えたという。イエスの父は神であるということを表現した神話なのだろう。神殿内でラビや祭司たちに囲まれた少年イエスが快活に——そして神々しい有様で——受け答えしている様子を描いた絵が、泰西名画にも近年の子供向け絵本にも見られる。

第5章　開祖の生涯――キリスト伝と絵因果経

仏教は修行の宗教である。釈迦の伝記は、修行を決意して完成させた大先輩の物語となっている。キリスト教は神を信仰する宗教である。イエスの伝記は神の子が地上に「神の国」の秘義を開陳していく物語となっている。

日本仏教の属する大乗（だいじょう）仏教では様々な神話的な如来（にょらい）（ブッダ）や菩薩を拝むようになったので、開祖釈迦の伝記は後世あまり顧みられなくなった。これに対し、キリスト教では一貫して神の子イエスの物語が教えの中核であり、イエス伝は宗教画の中心的主題であり続けている。

釈迦の伝記――出家、苦行、成道

釈迦は釈迦族の王子として生まれ、妻とのあいだに子を儲（もう）けたあと、おそらく二九歳で王宮を出て、林野で苦行し、三五歳で悟りをひらく。伝道を始め、多くの弟子を育て、あちこちを遊行しつつ、マガダ国の王舎城（おうしゃじょう）（ラージャグリハ）に竹林精舎（ちくりんしょうじゃ）、コーサラ国の舎衛城（しゃえいじょう）（シュラーヴァスティー）に祇園精舎（ぎおんしょうじゃ）という修行道場を営み、老いて八〇歳で没した（直接の死因は豚肉あるいはキノコ料理による食中毒）。入滅後、釈迦の骨（舎利と呼ばれる）はインド各地に分散して埋められ、墓である仏塔への尊崇が始まった。

釈迦の降誕については前章で扱った。入滅に関しては次章で取り上げる。本章では青春時代の悩みから成道までの人生最大の山場を紹介することにする。

釈迦の教えの核心は瞑想による自己観察にあり、《快楽》と《苦行》の両極端を避ける《中道》を重んじる。この図式はそのまま伝記を枠づけるものとなっている。つまり、何不自由ない王宮暮らしが快楽を、出家してからが苦行を表し、その後にくる菩提樹の下での瞑想と悟りが中道というわけである。

5-1の左は青年時代のシーンである。「過去現在因果経」という仏伝に絵を添えた「絵（え）因果経（いんがきょう）」から取ってきた。イエス伝のユダにあたる悪役の従兄弟・提婆達多（だいばだった）（デーヴァダッタ）が象を倒し道を塞ぐが、シッダールタ王子は曲芸のように象を放り投げて移動させ、さらに超能力的に蘇生させる。王子はスポーツ万能青年であったが、「絵因果経」にも弓矢や相撲で連勝する様子が描かれている。ベルトルッチの『リトル・ブッダ』に描かれる王子も

5-1　王子の活躍と四門出遊（「絵因果経」上品蓮臺寺本　第三巻）

カバディで大活躍している。

王子はやがて老・病・死という生物の宿命のことで悩むようになる。「絵因果経」ではこのあたりを「四門出遊（しもんしゅつゆう）」の故事として描く（5-1右）。すなわち、王子は王宮の東西南北の門のそれぞれから出て市内見学をするのだが、そのたびに老人、病人、死人を目撃し、ショックを受ける。四つ目の門を出たとき遊行者に出会い、自らも修行を始める決心をする。

ちなみに奈良時代に制作された「絵因果経」の描き方は完全に中国風である。今日の日本人はインドの光景を旅行や写真を通じてすでに知っているので、「絵因果経」の建築や風俗は異様に見えるが、昔の人はそうは感じなかった。同様のことは、西欧中世の教会壁画などについても言え、舞台は古代のパレスチナであるはずなのに、描かれた風俗は完全に中世ヨーロッパ風だ。5-2はインドで制作されたレリーフで、王子が出家するところを描いている。秘密の出家のわりに賑（にぎ）

5-2　王子の出城（サーンチー仏塔東門レリーフ、インド、１世紀）

王宮

王子を暗示する傘

王子の馬

蹄が音をたてないように馬を支える神々

物語の進行（異時同図法）

やかすぎるが（出家を手助けする神々を描いたものである）、風俗的にはこちらのほうがリアルだ。

さて、王子の苦行は激しかった。「絵因果経」のお経本文には、見た者が悶絶するほどに痩せて骨と皮と血管ばかりが目立ったとあるが、絵のほうを見るとそんなに痩せていない。苦行を諦めて川で禊（みそぎ）をしたときの絵を見ても、ぽっちゃりしている。古代日本の画家は貴人がガリガリになった様子なんて描く気がしなかったのだろう。この点、ガンダーラ仏のほうがリアリズムに徹している（三二ページ）。

苦行を諦めた王子は村娘から食べ物を供養されて気力を回復したとされる。娘の名はスジャーター（意味は「善い生まれ」）などと伝えられているが、「絵因果経」本文では「牧牛女人（もくごにょにん）」となっている。手塚の『ブッダ』にも、ベルトルッチの『リトル・ブッダ』にも登場する有名なエピソードなのではあるが、おそらく史実ではない。

5-3　悪魔との対決（「絵因果経」醍醐寺報恩院本　第五巻）

5-3は最後の瞑想の際に悪魔どもと対決する場面である。ここには性的なニュアンスがあり、魔物は蠱惑（こわく）的な娘の姿をとることもある。悪魔との戦いは釈迦自身の心理劇であるが、おそらく古代インド人はそのまま物理的な事実だとも思っていただろう。

神の子イエスの伝記——伝道、奇跡、権威

イエスはユダヤ教徒であり、伝道の対象はパレスチナのユダヤ人たちだ。ローマ皇帝の権力が強まっていく中、ユダヤ人たちは救世主（メシア）が現れて世界の構造を一新するのを待ち望んでいた。地上の権力は倒され、病気は消えてなくなり、死人までが甦（よみがえ）る。そんな終末ユートピアの待望だ。

マタイ、マルコ、ルカ、ヨハネの名が冠せられた四種の福音書は、イエスをメシア（当時の国際共通語であったギリシア語ではクリストス＝キリスト）として描いている。イエスの伝道物語の主な構成要素は、奇跡（病気治しが多いが、

ガリラヤ湖の水面を歩く、パンを増殖させるといった挿話もある）、使徒の制定（イエスは太古のイスラエル一二部族にちなんで一二人の男の弟子を選ぶ）、偽善者の批判（イエスはエルサレムの神殿の祭司たちや、ファリサイ派と呼ばれる戒律にうるさい巷の道学者たちの偽善を激しく糾弾する）、権威の顕現（洗礼者ヨハネ、モーセなど古代の預言者、神の声などがイエスの神的権威を認め、一番弟子のペトロが師がメシアであることに気づく）である。

今日のキリスト映画では、キリストがいかに病める民衆に優しかったか、どのように愛を説いたかを念入りに描き、ついでに女性信徒代表のようなマグダラのマリアとのあいだのロマンチックなムードまで暗示するのが常であるが、中世の教会壁画などはそういうソフト面をオミットし、はるかに権威主義的な側面を強調している。

以下でいくつかの作例を見ていこう。

5-4は漁師ペトロ（シモン）とその兄弟アンデレの召命の場面。「マタイ」四章には、海に網を打っているペトロたちにイエスが「君たちを人間をす

5-4　ペトロとアンデレの召命（ドゥッチョ、14世紀）

5-5　カナの婚宴とラザロの復活（ジョット、スクロヴェーニ礼拝堂）

などる漁師にしてやる」と告げたところ、彼らはすぐにイエスに従ったとある。

5-5はジョットのキリスト伝で採用している二つの奇跡シーン。一つはカナというところでの結婚披露宴の場面（「ヨハネ」二章）。宴席のワインが尽きると、イエスが水瓶の水をワインに変えた。奇跡の始まりである。聖母マリアの姿もある。もう一つは死んだラザロという人物を甦らせる場面（「ヨハネ」一一章）。ラザロは包帯でぐるぐる巻きにされている。イエスの病気治しは日本でも有名だが、古典的にはよりショッキングな死者の蘇生を描いたものが多い。イエス自身が死後に復活しているし、終末の審判においても死者の復活が大事なテーマだ。イエスはその予兆的演出としてラザロを甦らせた。

5-6　イコンの定型――イエスの洗礼とイエスの変容

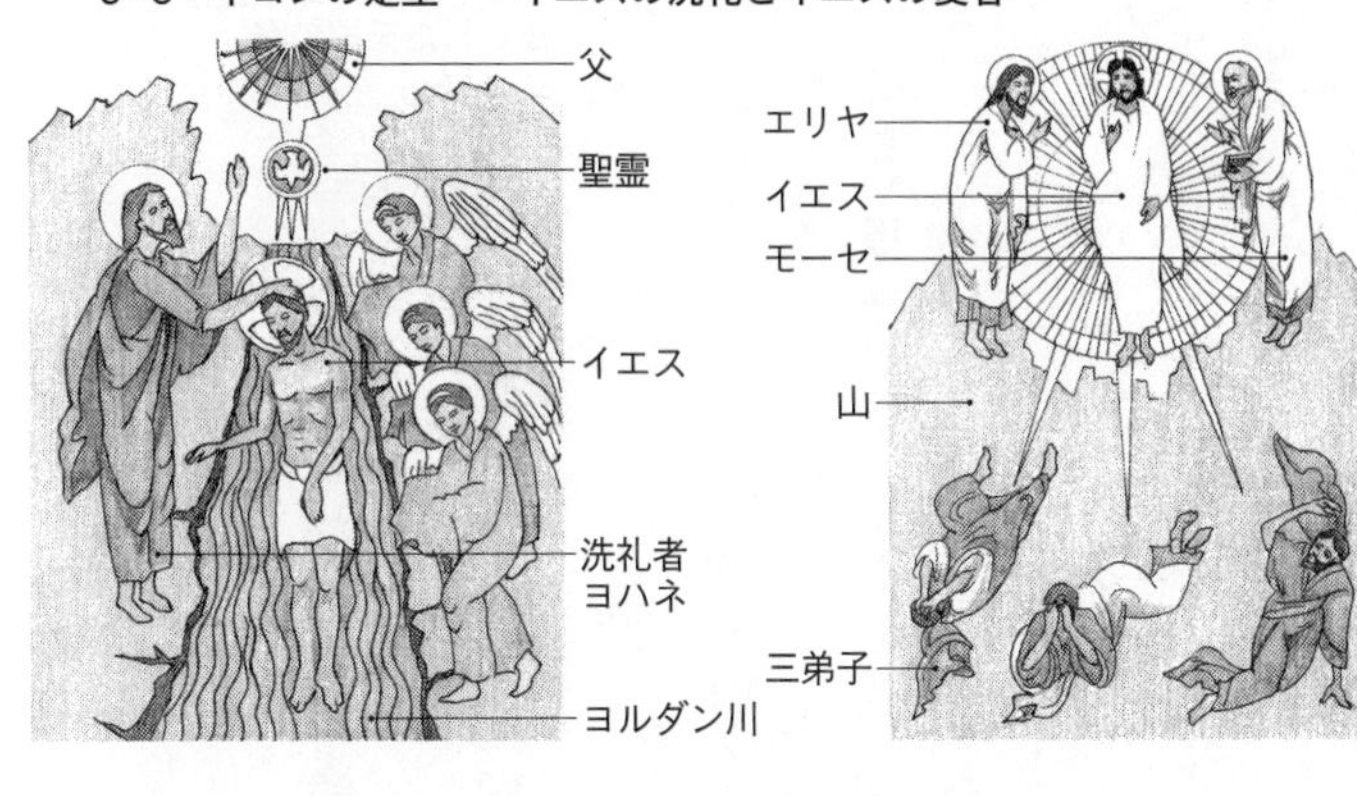

古代人にとって、悪人が世にはびこり義人が報われない不条理を是正するものは、終末における神の審判であった。天国は漠然とした異次元界ではなく、終末に現れるリアルな世界であるから、死者もやはり身体的に完全にリアルな形で復活する必要があったわけだ。

5-6はイエスを権威づける二種のイコン（正教会の聖画）の様式を示したもの。イコンは新たに描かれるときも古来定まった様式をそのまま踏襲するのが普通であり、その点、仏画などの描き方と同じである。

左側はイエスの洗礼（バプティスマ）。典拠は「マタイ」三章、「マルコ」一章、「ルカ」三章。洗礼を施しているのは洗礼者ヨハネであり、場所は荒野を流れるヨルダン川である。洗礼が終わると、天から聖霊（ハトで表す）が降り、父なる神（記号的に描かれる）の声がする。

右側はイエスの変容。典拠は「マタイ」一七章、

5-7　バチカン市国国旗に描かれた天国の鍵

「マルコ」九章、「ルカ」九章。イエスが三人の弟子（ペトロ、ヨハネ、ヤコブ）を連れて山に登ると、旧約のモーセとエリヤという二人の預言者が現れ、白く輝くイエスと語らう。さらに天から父なる神の声がする。弟子たちは恐れてひれ伏した。

カトリック教会にとって重要なのは、イエスが初代ローマ教皇となる弟子ペトロに「天国の鍵」を渡したという「マタイ」一六章のシーンである。ペトロが殉教したローマ市郊外のバチカンの丘に後世カトリックの総本山サン・ピエトロ（聖ペトロ）寺院が建った。バチカン市国の国旗には天国の鍵が描かれている（5-7）。

奇跡譚や権威づけに戸惑いを覚える不信心な現代人にとっては、イエスが愛のメッセージを語るシーンのほうが有難いかもしれない。しかし言葉ばかりのシーンはむしろ絵になりにくい。「心の貧しい者は幸いである！」と説く山上の垂訓（「マタイ」五章）などは、むしろ現代のハリウッド映画のシーンのほうが印象的だ。ジョージ・スティーブンス監督の『偉大な生涯の物語』（一九六五年）の砂漠の山上の垂訓シーンはパノラマ的に圧巻であり、かつ神秘的な雰囲気が漲っている。

5-8　罪の女を赦す（ジョージ・スティーブンス監督『偉大な生涯の物語』のシーンから）

教えに関し、この映画でもう一つ見所をなしているのは、イエスが「罪の女」を赦す(ゆるす)シーンだ。神の戒律の要点は愛であると説くイエスは、姦淫を犯したことによって石打ちの刑に処されそうになった女を赦す（「ヨハネ」八章）。群衆には「罪のない者から石を投げよ」と言って、他罰にいそしむよりも内省することを促す。これはまた、神の教えが律法（戒律）の遵守から（罪を赦すことのできる）キリストへの信仰に移行したことを明らかにするドラマでもある。

聖書にはこの女の名前は書いていないのだが、西方教会では伝統的に彼女はマグダラのマリア（福音書の記述ではイエス復活を最初に知った女性信徒）であるとされてきた。現代の映画ではもっぱらそういう想定で描いており、彼女を石打ちの刑から救うシーンも念入りに描かれる場合が多い（5-8）。

第6章　死と復活——涅槃図と受難劇

三五歳で悟りをひらいた釈迦は弟子を育て続け、八〇歳で弟子たちに看取られて死んだ。大往生である。三〇歳前後に伝道を始めたイエスは三四歳ごろに十字架刑で殺された。こちらは社会的対立の只中で起きた悲劇、不条理劇、受難である。

大般涅槃——大いなる死

涅槃（ニルヴァーナ）は火が消えた状態を表す言葉であり、迷い（煩悩）の火が消えた悟りを意味すると同時に、生命の火が消えた死をも意味する。釈迦は三五歳で悟ったときに一種の涅槃状態に入り、八〇歳で死んだときにその涅槃が完成したわけだ。悟りの真相が凡夫に不明であるように、死後の釈迦の行方も不明である。後世、釈迦の神格化が進むと、釈迦は一神教の神のように異次元空間に生存し続けていることになった。

6-1　涅槃（ガンダーラ、2世紀）

釈迦の死のいきさつはタイなど南方の仏教（テーラワーダ仏教）に伝わるパーリ語版大般涅槃経（マハーパリニッバーナ経）に詳しく書かれている。死期を悟った釈迦は書記役の弟子アーナンダ（阿難）を連れて旅に出る。途中、豚肉料理（東アジアではキノコ料理とされている）に中り、これが直接の死因となってクシナガラ（クシナーラ）というところで亡くなる。亡くなる前に、嘆き悲しむアーナンダに「こんなとき嘆かないようにと修行してきたはずではないか」と言って戒める。自分の死後は自己と仏法を頼りにして修行しなさいと訓戒を述べて、釈迦は入滅する。

　釈迦の死は右臂を曲げて手枕にし顔をこっちに向けた姿で造形される（6-1）（日本の平安時代の涅槃図では釈迦を仰向けに描く）。弟子、菩薩、天人たちが参加するのが基本だが、鎌倉時代以降、身をよじって慟哭する動物たちが大勢登場するようになった。

　日本流ということではあるが動物たちが描かれると

6-2　伊藤若冲『果蔬涅槃図』（18世紀）

ころに仏教らしさが現れていると言えるかもしれない。中東発の一神教と異なって、インドの宗教では、仏教でも、ヒンドゥー教でも、人間と動物（および神々や魑魅魍魎）を連続的な生命体と考える。生命は延々と転生し続けるが、その中には動物や天人などの生も含まれるのだ。

6－2は釈迦や弟子や動物たちを野菜に置き換えたパロディ涅槃図である。不謹慎というよりも、動物はおろか植物にまで人間の生と共通するものを見出す日本仏教型の思考の中から生まれた表現だと考えられるかもしれない。

受難、十字架、復活、昇天

仏教の物語は対立を生み出す煩悩が消失するところに焦点を置いており、開祖の死をめぐっても社会的対立などは描かれない（釈迦はみなに惜しまれて死ぬ）のに対して、キリスト教の物語は収拾のつかない対立の悲劇に焦点を置いており、神自身が、不条理の中で死ななければならない人間の死を引き受ける形になっている。

キリスト受難劇の構成要素を拾い上げよう。6-3のジョットの絵で確認しつつ読まれたい。最後の数日間は、過越(すぎこ)しの祭りと呼ばれるユダヤ教の祭礼期間にあたっており、場所はユダヤ教唯一の神殿のあるエルサレムとなっている。

【①エルサレム入城】だからまず受難の物語はイエスと弟子たちのエルサレム入城の場面から始まる。民衆は歓呼して迎える。イエスはロバに乗って進む。

【②商人を追い払う】エルサレムの神殿での重要な出来事として、イエスが神殿内で両替商や生贄の動物などを売っている商人たちの机をひっくりかえすというものがある。キリスト映画でも必ず描かれる印象的な場面だ。神殿の神聖さを強調したエピソードのように受け取られるが、一種の革命家としての示威行動であったという解釈もある。

【③最後の晩餐(ばんさん)】【④弟子の足を洗う】イエスとその弟子たちはエルサレム市内のある宿で、最後の晩餐をとる。レオナルド・ダ・ヴィンチの絵で有名な、弟子たちとのお別れ会である。つまりイエスはもう死を覚悟している。「ヨハネ」の記述では、ここでイエスは弟子たちの足を洗う。友愛の行為を師自らが範として示したのである。

④弟子の足を洗う

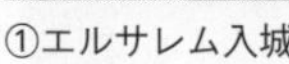

①エルサレム入城

⑤ユダの接吻

②商人を追い払う

⑥裁判

③最後の晩餐

6-3　キリストの受難　ジョットのキリスト伝より（スクロヴェーニ礼拝堂、イタリア、14世紀）

⑩復活

⑦ゴルゴタへの道行き

⑪昇天

「ユダヤ人の王」
ヨハネ
失神する
聖母
マグダラ
のマリア
兵士と
キリストの衣
アダムの頭蓋骨

⑧磔刑

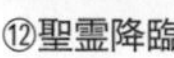
⑫聖霊降臨

⑨哀悼

「マタイ」「マルコ」「ルカ」では、この席でイエスは、パンを自分の体、葡萄酒を自分の血として記念せよと告げる。これは後世のキリスト教会の最も重要な秘跡、聖餐式（ミサ）の起源譚となっている。過越しの祭りでは、ユダヤ人たちは羊を生贄にし、神殿に血を流し、肉は一族郎党で共食する。古代的な生贄の儀礼がシンボル的に変換されて、十字架の犠牲を暗示しつつ、パンとワインを共食する儀礼となったのである。

イエスはまた、弟子の一人――イスカリオテのユダ――が裏切って師を官憲に引き渡すことを告げる。中世までの絵画では誰がユダであるか公然と分かるように描くのが普通で、テーブルの片方に弟子たちが坐っているのに、一人だけ反対側にいたりする。

【⑤ユダの接吻】晩餐のあと、イエスと弟子たちは郊外のゲッセマネの園に行く。そこでイエスは神に激しく祈るのだが、弟子たちは眠りこけてしまう。そのあと、ユダが祭司の部下どもを連れて現れ、イエスに「死の接吻」をして、逮捕の合図とする。

【⑥裁判】捕縛されたイエスはまず大祭司カイアファのもとに連れていかれ、そこでユダヤ教の最高法院の裁判を受け、冒瀆罪と判定される。カイアファは怒りの印に、自らの衣を引き裂く。

当時この地はローマ帝国の支配を受けていたので、イエスは次にローマの総督ピラトのもとに送られ、そこでまた問答が繰り返される。「ルカ」では一時的にヘロデ・アンティパス（嬰児虐殺のヘロデ大王の息子）の館にも送られている。ヘロデはイエスの活動地域であるガリラヤの領主だった。映画などではヘロデは変態的な享楽主義者として面白おかしく描かれる（たとえば『ジーザス・クライスト・スーパースター』）。

福音書の描き方では、総督ピラトはイエスの処刑に消極的であり、解放しようとさえする。拘禁中に兵士たちはふざけてイエスに茨の冠と紫の衣を着せていたぶっていたのだが、ピラトはそのイエスを群衆の前に引き出して「見よ、この男（エッケ・ホモー）だ」と言う（「ヨハネ」）。しかし、祭司たちに扇動された群衆が、ユダヤ人の王を僭称したイエスを放免にするのはローマ皇帝への裏切りだとして騒ぎ出す。官僚である総督はこれに恐れをなし、イエスに死刑を言い渡す。「マタイ」の描くところでは、ピラトは水で手を洗って見せて、イエスの血（死）に自分の責任はない（すべて民衆の責任だ）と宣言する。

【⑦ゴルゴタへの道行き】イエスは総督のいる場所からエルサレム城外のゴルゴタと呼ばれる処刑場まで「市中引き回し」となる。通例イエスが重たい十字架を背負った形で描かれるが、それは「ヨハネ」による。他の福音書によれば十字架を背負ったのは別の人物である。イエスはすでに十分鞭打たれており、体力がなかったのかもしれない。

【⑧磔刑（たっけい）】さて、イエスは十字架に釘で打たれる。伝統的な絵画では、手の平を打ち付けられていたが、これでは自重で手が裂けてしまうらしく、実際には手首のあたりを打たれた。

映画ではそのように演出している。

なお、東方正教会のイコンでは、「ヨハネ」一九章と「マタイ」二七章の記述を合成して、十字架上のイエスの傍(かたわ)らに聖母マリア、男の弟子（ヨハネ）、イエスの死後に「まことにこの人は神の子だった」と言ったローマ兵士一人を立たせる。

「マタイ」「マルコ」では、イエスは十字架上で「わが神、わが神、なぜ私をお見捨てになったのですか」と土地の言葉（アラム語）で言っている。これは旧約聖書の「詩編(しへん)」の言葉だ。「ルカ」では「父よ、私の霊を御手に委ねます」と言って息を引き取っているが、「ヨハネ」では「渇く」と言い、また「成し遂げられた」と言って死ぬ。ローマ兵士が槍で脇腹をつついてイエスの死を確認する。

【⑨哀悼】イエスの死後に人々がイエスの遺骸に泣きすがる絵がある。福音書にはないシーンだ。この場面を聖母とイエスだけに絞るといわゆる「ピエタ」となる（第9章）。

【⑩復活】イエスは死後、墓地に葬られる。崖のような場所に穴を穿(うが)ったような造りであったらしい。入口は円盤状の石で塞(ふさ)ぐ。死後三日目に、女たちが墓がからっぽであることに気づき、天使のような存在に声をかけられる。マグダラのマリアはここではっきりと復活したイエスの姿を見るが、触ろうとすると、「私に触れるな(ノーリー・メー・タンゲレ)」と言われる。

イエスは弟子たちの前にも出現する（福音書ごとに場所や状況は異なる）。エピソードとしては弟子トマスの懐疑が有名だ（「ヨハネ」）。彼は自分の留守中にイエスが出現したという他の弟子たちの言葉を信じず、「自分の指を釘跡や脇腹の傷に入れない限り信じない」と頑張るのだが、そこにイエスが現れる。イエスは「私を見たから信じたのか。見ないで信じる人は、幸いである」と言う。ちなみにリチャード・ドーキンスなど現代の無神論者は、証拠を求めたトマスの態度こそ見倣(みなら)うべきだと主張する。

　同じく「ヨハネ」のエピソードとして、漁をしている弟子たちの前にイエスが現れるが、誰もそれがイエスだと気づかない。その人物の言葉に従って網を打つと、驚くほどの大漁となる。そのとき、その人が師であることに弟子たちが気づくというものがある。

【⑪昇天】「ルカ」（およびその続編である「使徒言行録」）によると、イエスは四〇日ほど地上にいたのち、弟子たちの面前で天に挙げられる（イエスは再臨するまで天にいることになっている）。

【⑫聖霊降臨】さらに一〇日たって（五旬節(ペンテコステ)の日に）天から聖霊が信徒たちに降るということが起こる。信徒たちは霊に満たされて異国の言葉で語り出したという。

第7章　諸宗教の開祖と預言者——孔子からムハンマドまで

釈迦とキリストばかりが開祖ではない。本章では、主だった宗教の開祖や預言者の図像的特徴をまとめて紹介する。

東アジア生まれの宗教の開祖

東アジア生まれの儒教と道教は相互補完的な宗教セットである。儒教は祖先祭祀の儀礼に重きを置き、孔子や孟子の倫理的教えに従って社会の秩序や儀礼を守る。道教は儒教に対するカウンターカルチャーであり、老子と荘子の無為自然を奉じたり、不老長寿を理想とする仙界のファンタジーに遊んだりする。孔孟思想や儒教が人生のパブリックな側面を仕切るとすれば、老荘思想や道教はプライベートな本音に沿う形となっている。

開祖の図像にも、両宗教の性格の差が表れている（7-1）。儒教の開祖である孔子はしばしば立派な冠をつけた公的な君子としての姿で描かれる。他方、半ば伝説的な存在である老子は道教の開祖とも神ともされており、しばしば水牛に乗った姿に描かれる。これは請われて『道徳経』を著したあと水牛に乗っていずことも知れず去っていったとされることによる。元祖仙人らしく、いかにも隠者然としている。

7-1　冠「冕（べん）」をかぶって正装した孔子（左）と水牛に乗って去る老子（右）

インド生まれの宗教の開祖

インド生まれの宗教といえば、インド半島全域で信仰されているヒンドゥー教と、インド域内ではほとんど滅んだが国際的に広がった仏教が思い出されるが、他に、少数派ながら、仏教と同じだけの歴史を有するジャイナ教と、はるか後世、一六世紀ごろにイスラム教との接触によって生まれたシク教がある。このうちヒンドゥー教は茫漠たる民族的伝統であり、開祖がいない。ジャイナ教とシク教には開祖がいる。

7-2　マハーヴィーラ（ヴァルダマーナ）とリシャバナータ

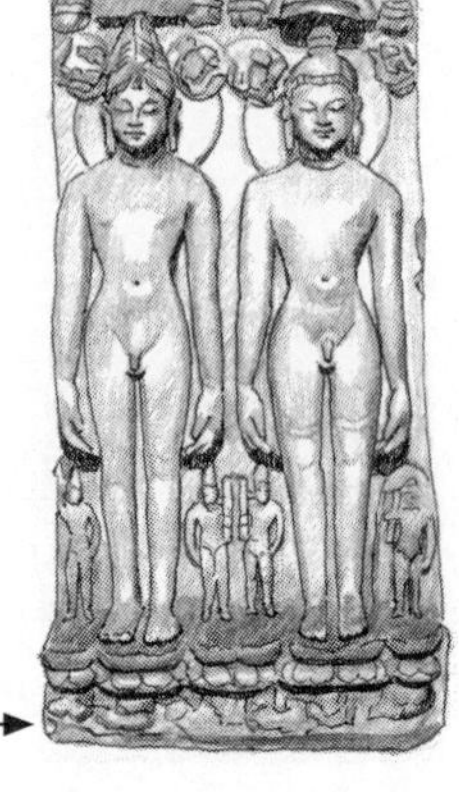

リシャバナータ（左）、マハーヴィーラ（右）→

7-2の左は釈迦の同時代人であるジャイナ教の開祖、ヴァルダマーナの像である。ヴァルダマーナの修行完成者としての称号はマハーヴィーラあるいはジナであり、仏教文献で言及されるときの呼び名はニガンタ・ナータプッタである。ほとんど仏像と区別がつかない感じだが、衣をまとっていないのでジャイナ教の尊像だと分かる。ジャイナ教は仏教に似た修行の宗教だが、不殺生においても無所有においても仏教よりもはるかに厳しい。信者は不殺生に徹するために、虫を殺しかねない農業には従事しないし、無所有に徹するために裸形（らぎょう）で暮らす宗派もある。開祖像が裸であるのもむべなるかなである。

なお、ジャイナ教の解釈ではヴァルダマーナに先立って二三人の祖師（救済者、ティールタンカラ）がいるとされる（実在の人物である第二三代を除いて神話的存在と推定されている）。なお、仏教にも過去七仏（しちぶつ）の伝承があり、発想は似ている。

初代ティールタンカラはリシャバナータである。7-2の右のように、初代のリシャバナータ（左）と最終世代のマハーヴィーラ（右）を並べて造形したレリーフもある。マハーヴィーラの頭の形は仏像によく似ているが、このような裸の図像は仏教にはないだろう。

シク教はヒンドゥー教徒の武士（クシャトリヤ）階級に属するグル・ナーナク（一四六九〜一五三九年）が、イスラム教を含む様々な思想を吸収して改革派ヒンドゥー教として立ち上げたことを起源とする。7-3はグル・ナーナクの一般的肖像画だ。だいぶ近代に近い時代の人物なので、仏像やヒンドゥー教の神像よりもずっと今風の肖像画のスタイルに近い。

7-3　祝福するグル・ナーナク
（ソバ・シン、インド、1968年）

中東生まれの宗教の開祖

紀元前（紀元前一〇世紀ごろとも紀元前六世紀ごろとも言われるがはっきりしない）のペルシアに生まれたゾロアスター教の開祖は、もちろんゾロアスターである。正確な読みはザラスシュトラ。ドイツ語読みするとツァラトゥストラとなり、ニーチェの著作のタイトル（『ツァラトゥストラかく語

7-4　預言者ムハンマドの細密画
（部分、16世紀）

りき』）によって知られるが、ニーチェは東方の神秘的な有名人の名にあやかっただけで、本の中身はゾロアスター教とは無関係である。

ゾロアスター教の体系は善神アフラ・マズダーと悪霊アンラ・マンユの善悪二元論であるとされるが、時代によって教理に変化があった。かつてはペルシア地域に広まっていたが、現在はインドのムンバイ周辺などの少数派宗教となっている。

ザラスシュトラはなにせ太古の生没年も不明の人物であり、定型の尊像はもともとないようだ。近代に生まれネット上でよく見かける図像は、古代のレリーフに基づくものだが、オリジナルはミスラ神など別の存在を描いたものであったらしい。

イスラム教では神を図像化しないのみならず、開祖を描くことにも否定的であり、描いている場合でも、7-4の細密画のように、顔の部分をヴェールで覆うか空白にするのが一般的だ。この図はムハンマドが人面馬に乗って一夜にして天界へ行って戻ってきたという伝承（ミウラージュと呼ばれる）を描いたものである。

開祖を積極的に表象しないという伝統があるので、たとえばイスラム開教を描いた一九七六年のイスラム諸国とハリウッドの合作映画『ザ・メッセージ』でも、肝心の主人公の姿は映し出されない。スクリーンの手前側にいるムハンマドに向かって人々が話しかけるとか、ムハンマドが乗っているラクダの頭部がムハンマドの視点で映し出されるなどの描き方をしている。

キリスト教とイスラム教を生み出す母胎となった紀元前からの宗教、ユダヤ教には開祖はいない。ユダヤ教の教典であるタナハ（旧約聖書）の冒頭に置かれる「創世記」は天地創造と人類の始祖アダムとエバの物語から始まっているが、アダムとエバを開祖と呼ぶわけにはいかないだろう。古代イスラエル民族（今日のユダヤ教徒ないしユダヤ人の祖先）の父祖としては、同じく「創世記」に記載された族長アブラハムの名が挙げられる。ユダヤ教の神（ヤハウェ）は「アブラハム、イサク、ヤコブの神」のように呼ばれるが、イサクはアブラハムの子、ヤコブは孫である。

7－5はアブラハムが神の命令によって息子イサクを生贄

7-5　アブラハム（ヒューストン監督『天地創造』のシーン）

7-6　モーセ：ギュスターヴ・ドレの版画（19世紀）とミケランジェロの彫刻（16世紀）

に捧げようとしたところ。神はアブラハムの信仰を試したのであり、志を認めた神は天使を遣わして生贄を中止させる。場所は現在のエルサレムだとされる。

7-6の左側は、ユダヤ教の実質的な開祖に近いモーセの表象である。モーセはエジプトで奴隷状態になっていたイスラエルの民を神の命によって救い出したあと、シナイ半島の山の中で神から十戒を戴いた。十戒が刻まれた二枚の石板がこの図像の特徴である。7-6の右側はミケランジェロ作のモーセ像だが、角が生えている。これは神に遭ったモーセの顔が「輝いた（カーラン）」とあるのを当時のラテン訳聖書が「角が生えた（ケレン）」と誤訳していたことによる。

なお、旧約聖書の精神世界は開祖一代で切り開かれたものではない。人祖アダムや箱舟のノアに始まって諸預言者まで続くたくさんの宗教的キャラクターの織りなす長大な大河ドラマの全体を通じて、神の意志が顕現するのである。言うなれば集団的開祖だ（前述のジャイナ教のティールタンカラにも、仏教の過去七仏にも似たところがある）。

旧約の預言者たちのドラマはキリスト教美術の重要な一角を占めている。絵画によく描かれる人物は、アブラハムやモーセの他には、ざっと次の通りである。

- アダムとエバ。禁断の実を食べ、楽園エデンから追放される。

7-7　ヨシュア（エリコの戦い）、ダビデ、ヨナ

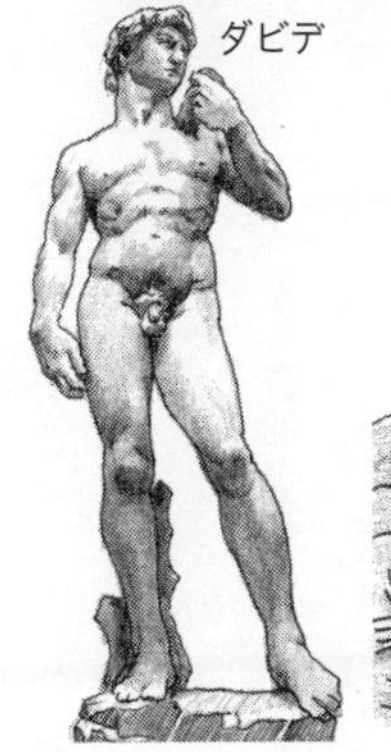

- ノア。大洪水と箱舟による避難はよく知られている。
- ヨシュア。モーセの後継者で、イスラエルの民を指導する。民がエリコの周りを十戒を入れた聖櫃をもって回り、角笛を吹くと城壁が崩れた（7-7上）。
- ダビデ。少年時代、

巨漢ゴリアテを石投げによってやっつけた。ミケランジェロの有名なダビデ像は投石具をもってゴリアテを睨(にら)みつけているところである（7－7下左）。

- エゼキエル。神と奇妙な天使を幻視した預言者である（13－3参照）。
- ヨナ。大きな魚に呑まれ、また吐き出される（復活と救済の象徴とされる）（7－7下右）。
- ヨブ。義人であるにもかかわらず苦難を受ける。「ヨブ記」は苦難をめぐる洞察に満ちており、のちのキリストのモチーフ――人間となった神が受難する――の神学的源泉ともなっている。

後光が射す?

開祖の図像には霊性の光輝が添えられることがある。いわゆる「後光が射す」である。それが定型化したものの典型は、キリストの頭の後ろに描かれるニンブスと呼ばれる金色の円盤だ。使徒など聖人や天使の記号としても用いられる。キリストの場合は円盤の内部に十字架状の模様が描かれることもある（7－8左）。

中世末期のジョットの描き方を見ると、人物が斜めのときはニンブスも斜めになるが、人物が真横を向くとまたべったり平面的な正円形となり、人物が後ろ向きのときはあたかも人物の顔にお皿が貼り付いたかのような描き方になる。扱い方に苦労しているのが分かる（6

-3参照)。かようなわけだろう、ルネサンス以降、絵画技法がリアルになっていくにつれ、ニンブスの表現は次第に減っていく。なお、レオナルドは細い輪のような形にも一点から車輪のスポークのように放射する光としても描いており、だいぶ工夫している。輪のほうは今日でもいわゆる「天使の輪」として生きているが、かなり漫画的な表現だ。

なお、7-8の右は、キリストの全身を光明を表す幾何学的図形で囲むマンドルラという表現である。

仏教でもガンダーラなどの釈迦像にニンブス様のシンプルな円盤を添えることがあった。仏教は多神教的な体系となり、神話的な仏や菩薩の像が増殖し、その背後に複雑な光背が彫像や台座と一体化した形で造形されるようになった。こちらについては第12章で取り上げる。7-4で見たイスラム教のムハンマドの図像にはしばしば火炎状の光背が添えられるが、やはり火炎を用いる仏教美術と何らかの影響関係があるかもしれない。

7-8　ニンブス（左）とマンドルラ（右）

第8章　聖人と宗祖――聖フランチェスコと一遍聖

開祖の下には弟子がいる。弟子にも弟子がいて、師弟継承が延々と続いて現在の信者集団を構成している次第だ。そうした系譜の中に開祖に準ずる模範的宗教家も存在する。いわゆる聖者あるいは聖人だ。彼らはしばしば宗派の創始者、宗祖となっている。

キリスト教の聖人

イエスの一二人とされる直弟子や、神学の形成に決定的な役割を果たしたパウロを使徒と呼ぶ。彼らを含めて、極めて敬虔な生涯を送った者たちを、東方正教会やカトリックでは聖人と認める。聖人はしばしば殉教している。

神とされる開祖と異なり、直弟子もパウロも後世の聖人たちも、俗人並みの迷いや悩みをもっている。失敗談もある。そのあたりが聖人の人気の秘密でもあるようだ。

８－１は一番弟子のペトロが溺（おぼ）れそうになってイエスに救いを求めているところ。イエスはガリラヤ湖の湖面を歩く。ペトロもやってみようとするが、失敗する。これは神の超常的能力あるいは神の奇跡的救いを描くものであるが、強い信仰を求める訓戒でもある。イエスはペトロに言う。「信仰の薄い者よ、なぜ疑ったのか」（「マタイ」一四章）。

受難劇においてもペトロは失敗している。最後の晩餐の席でイエスはペトロに「今夜、鶏が鳴く前に、あなたは三度、私を知らないと言うだろう」と予告する。そして実際、イエスが逮捕されると、ペトロは人々の前で三度イエスとの関係を否定する。鶏が時を告げると、ペトロは激しく泣く（「マタイ」二六章他）。

8-1　水上のイエスに助けられるペトロ
（モンレアーレ修道院、12世紀）

しかしそんな軟弱なペトロも、ローマでネロ帝の迫害があったときに堂々と殉教したと伝承は告げる（一三世紀の『黄金伝説』など）。場所はローマ郊外のウァーティカーヌス（バチカン）の丘、今日サ

8-2　パウロの回心（ミケランジェロの作品より、16世紀）

ン・ピエトロ寺院のあるところだ。主イエスと同じ磔では畏れ多いとした当人の意を汲んで頭を下にして張り付けられたと言われ、そのように描いた絵画もある。

8-2はイエスの孫弟子にあたるパウロ（サウロ）がキリストの声を聞いて馬上から落ちるシーンである（「使徒言行録」九章）。彼はユダヤ教の熱心な活動家であり、死んだ教祖の復活など信じ難きことを信じているイエス信者たちを迫害していた。しかし旅の途上で天からの光に当てられ、イエスの声を聞き、地面に倒れ伏す。三日間目が見えず、飲み食いもできなかった。そして三日たって目から「鱗のようなもの」が落ちたとき、彼は生まれ変わっていた。回心したのだ。新生パウロはキリスト信仰を擁護する力強い論客となり、各地の教会（信者の集い）に手紙を書き、十字架の贖罪の神学を構築した。

８‐３は時代が飛んで一二～一三世紀の聖人、アシジのフランチェスコが聖痕を受ける様子である（伝ジョット作の絵による）。清貧と無垢で知られる聖人フランチェスコは、鳥に説教したとも言われ、今日環境活動家の守護聖人となっている。アシジの富裕な商人の息子であったが、人生に悩んだ末に開眼し、新たな修道会（フランシスコ会）の創始者となった。

8-3　聖痕を受けるフランチェスコ（伝ジョット、パリ、14世紀）

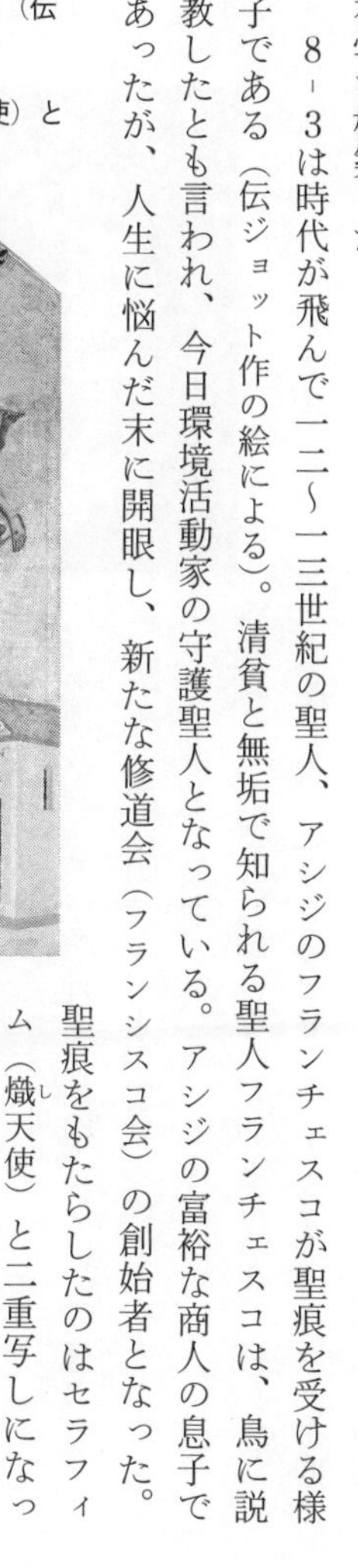

聖痕をもたらしたのはセラフィム（熾天使）と二重写しになったキリストである。パウロを権威づけたキリストの声に相当するものが、彼の場合はキリストの聖痕であった。

ちなみに、手足にキリストが受けたのと同じような釘跡が生じる（つまり血が流れ出る）という聖痕現象が報告されるよう

8-4　ザビエル像（部分、日本、17世紀？）

になったのは、中世末期、フランチェスコの同時代あたりからである。こうした噂の背景には、当時の教会が信者たちにキリストの受難に思いを巡らすよう奨励し、画家たちが磔にされたキリストの無残な姿をリアルに描くようになったということがあるらしい。画家が磔刑の釘を手の平の位置に描いていた時代には、聖痕もまた手の平の位置に現れたものだが、釘の位置が手首に修正されるようになった現代では、手首から血が流れるように変化した。

　多神教的な環境の日本人の感覚では、開祖のキリストと奇跡を起こす聖人との霊威の違いが分かりにくいが、一神教の論理では、聖人の権威はあくまで開祖の権威の淡い投影に過ぎない。切支丹時代に描かれたイエズス会士フランシスコ・ザビエルの肖像画が、燃える心をもって十字架のキリストを仰ぎ見る構図となっているのは――この様式自体はイエズス会のモットーの一つである情熱的伝道を象徴するために採用されたものであるが――聖人と神＝キリストとの関係をよく示していると言えるだろう（8－4）。

十大弟子、羅漢さん

キリストの弟子たちが信仰（＝忠節）を通じて「主」の権威に服したように、仏弟子たちは、釈迦の指導に沿って修行することを通じてその権威に服した。歴史上の仏弟子たちは、師の声（教え）を聞くという意味で「声聞」と呼ばれる。師は修行を通じてブッダ（仏陀、仏）という最高の位を獲得したが、弟子たちはブッダよりもランクの低いアルハット（アラハント、阿羅漢、羅漢）という位に原則的に留まるとされる。やはり開祖の権威は特別なのである。

釈迦の直弟子はたくさんいたが、とくに有名な舎利弗＝舎利子（シャーリプトラ、サーリプッタ）と目連（マウドガリヤーヤナ、モッガラーナ）、阿難（アーナンダ）と大迦葉（マハーカーシャパ、マハーカッサパ）がそれぞれ本尊・釈迦の両脇侍として三尊形式で造形されることがある（8－5）。彼らは頭を剃って粗末な布をまとい、慎ましげにたたずむ修行者だ（粗末な布自体は釈迦自身も同じで、使い古しの布を継ぎ接ぎにした糞掃衣あるいは衲衣である。これについては一一四ページ参照）。

主要な声聞を「十大弟子」としてまとめるやり方は中国で南北朝時代に始まる。舎利弗は

8-5　釈迦三尊——釈迦と二人の仏弟子

智慧第一、目連は神通第一、頭陀（＝厳しい修行）第一の大迦葉、多聞（＝多くの説法の聴聞）第一の阿難のように、仏弟子に求められる特質がアニメかゲームのキャラのように強調されている。

他に十六羅漢（あるいは十八羅漢）や五百羅漢として、釈迦と同時代あるいはやや後世の声聞たちをセットで造形することも行なわれた。賓度羅跋囉惰闍を筆頭阿羅漢とする十六羅漢とは、紀元後成立の「大阿羅漢難提蜜多羅所説法住記」に記載された仏弟子たちで、釈迦の戒めを守って弥勒仏という未来のブッダ（現時点では弥勒菩薩である）の到来を待っているという。他方、五百羅漢のほうは釈迦の死後の最初もしくは第四回目の結集（経典編集会議）に参加した出家者たちに由来するとされる。

（阿）羅漢は初期仏教およびそれを受け継ぐ東南アジアのテーラワーダ仏教の理想的修行者であるが、十六羅漢や五百羅漢をセットで造形するのは、中国・日本の大乗仏教、中でも禅仏教の伝統である。だから阿羅漢というキャラクターのもつ意味合いが本来のものとはズレている。

本来であれば、阿羅漢はひたすら開祖の教えを遵守せんとするキャラクターだ。しかし大乗ではそういう優等生的な理想を一ランク下のものと考え、むしろ迷える世界の只中で暮らすという動的な理想を掲げた。そうした清濁併せ呑んだような姿は仏像や菩薩像では描けないので、一級下の羅漢さんたちに演じてもらうことになった。十六羅漢や五百羅漢の図像的特徴は、天真爛漫（てんしんらんまん）な個性や人間的喜怒哀楽を強調している点にある。五百も彫るとなると、面白い顔の品評会のようになる。かくして子供たちまでが「ラカンさんがそろたら回そじゃないか」といって変な顔の伝染ゲームのような遊びをするようになった。

8－6は『十六羅漢図讃集』（江戸時代の日本の

8-6　十六羅漢：賓度羅跋囉惰闍と那伽犀那（『十六羅漢図讃集』）

書だが図のオリジナルは中国のもの）にある賓度羅跋囉惰闍と那伽犀那の図である。いかにもクセが強い。なお、賓度羅跋囉惰闍はむしろ賓頭盧の名で知られている。お寺にあるお賓頭盧様の像をなでると、その箇所の病が癒えるとされる。このあたり、キリスト教の聖人と同様、半ば多神教の呪術的な神と化している。

学祖や宗祖

さて、仏弟子の姿から発展したものが羅漢像であるが、仏弟子たちの歴史的後継者である学問上の創始者や宗派の宗祖たちもまた、基本的にはリアルな姿で造形されている。その典型が奈良の興福寺にある有名な運慶作の無著像（8－7）だろう（兄弟の世親の像もやはり名作である）。無著（アサンガ）と世親（ヴァスバンドゥ）は四世紀のインド大乗仏教の哲学者（法相宗の教学家）である。

なお、中国や日本に広まった大乗仏教では、権威の出所が釈迦以外に阿弥陀や大日如来など多数のブッダに分散している。開祖の権威が相対化されたので、宗祖たちが開祖並みの尊崇を受けるようになった。彼らの像もオリジナリティあふれたものとなった。

8－8は中国化した仏教である禅宗の宗祖（初祖）とされる菩提達摩（達磨）（ボーディダルマ）、いわゆる達磨さんである。実在のインド人であるが、半ば神話的な人物だ。禅宗では「仏に遭ったら仏を殺せ」のようなレトリックを用いて、（他を恃まない）自己の探究に修行者たちを集中させる。

8-9は、鎌倉仏教の浄土信仰の宗派である時宗の開祖、一遍を描いた絵巻物の一シーンである。狭い小屋の中で踊念仏三昧だ。浄土信仰はインドに始まるが、修行よりも浄土（パラダイス、ユートピア）への生まれ変わりに焦点を当てた、派生的な伝統である。権威の出所は釈迦ではなく阿弥陀である。浄土信仰は、一面では神話的な阿弥陀ブッダの姿を心に描く、あるいは阿弥陀への帰依を表す「南無阿弥陀仏」という念仏を唱える行に徹する修行型宗教であり、別の一面では、このブッダの他力をひたすら信じて「お任せ」のモードに身

8-7　無著像（運慶、興福寺、13世紀）

8-8　菩提達摩：「慧可断臂図」（部分、雪舟、15世紀）

8-9　一遍上人絵伝より（14世紀）

臨時の道場内で踊り狂う僧たち　金銅の鉦鼓を打つ一遍

を置くという信仰型宗教である。救いの具体的ビジョンは、来世に極楽浄土に生まれ変わることである。もっとも、法悦を得た者にとっては来世の問題は二の次となる。今ここで救われてしまっているからだ。

一遍はそうした法悦の達人であった。踊念仏というのは、形ばかりの儀礼的反復ではなく、シャマニスティックな熱気に包まれた異界のステージであったと思われる。

PART Ⅲ

神々のバリエーション

ホルスを抱くイシス（エジプト、前７世紀）

第9章　聖なる母――ヴィーナス、イシス、マリア、観音

Ⅲ部で取り上げるのは神々や霊の描き方である。Ⅱ部では男の開祖や聖人の話が続いたので、今度は女神から見ていくことにしよう。

宗教が組織化された紀元前一千年紀～後二千年紀の大半は家父長制的に男性中心主義の時代であったため、開祖、預言者、聖人などは圧倒的に男性が多い。しかし神々となると女神もいる。とはいえ、こちらの場合も、男性の視線で眺められた女性の理想化という色彩が濃い。女神の多くが母神か処女神の扱いを受けているのもそのためだ。

太古の大女神の諸相

9－1はオーストリアはヴィレンドルフの旧石器時代の遺跡から出土した高さ一一センチほどの女性像。「ヴィレンドルフのヴィーナス」と呼ばれている。豊満な体形であり、乳房

と女陰をしっかり表現している一方で、腕や頭部の造形は曖昧である。多産や豊穣の象徴ではないかと推測されている。「ヴィーナス」と呼ぶと女神あるいは理想的女性美を思わせるが、あくまで現代人の呼び名にすぎず先史時代の人々がどう思っていたかはまったく不明だ。なお、ずっと時代は下るが似たような印象を与える日本の縄文時代の土偶（遮光器土偶など）も、一般に豊穣祈願と結びつけて理解されている。

出土した像を「神像」「女神像」と呼んで差し支えないのは、文字による神話の記録がある文明の場合だ。たとえば、9-2は古代中東のテラコッタの器に描かれたイナンナあるいはイシュタルらしき像である。イナンナはシュメール文明の、イシュタルはアッカド文明の女神で、後者は前者の神話を引き継いでいる。豊穣神だが、愛神、美神、金星の神という性格をもっている。これらの性格はそのままギリシア神話のアプロディーテー女神に引き継がれた。

ギリシア神話には、ゼウス大神の正妻ヘーラー、豊穣の女神デーメーテール、都市国家の守護神アテーナー、美神アプロディーテー、狩猟とお産の女神アルテミスなど、

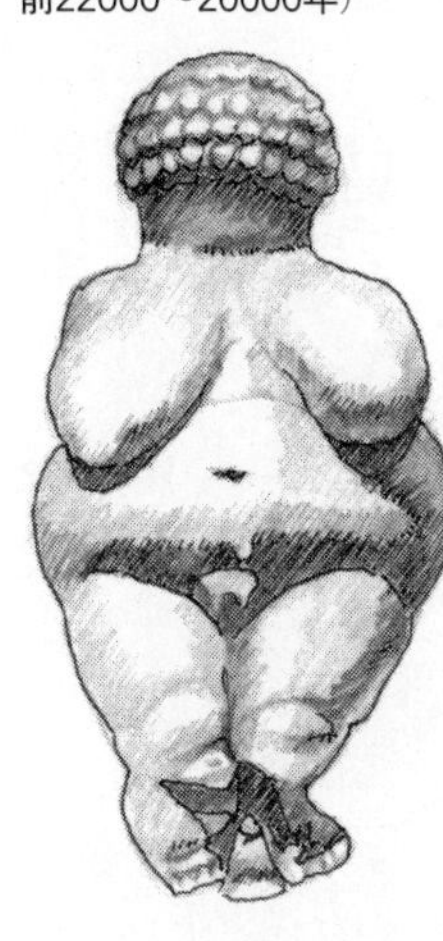

9-1「ヴィレンドルフのヴィーナス」（オーストリア、前22000〜20000年）

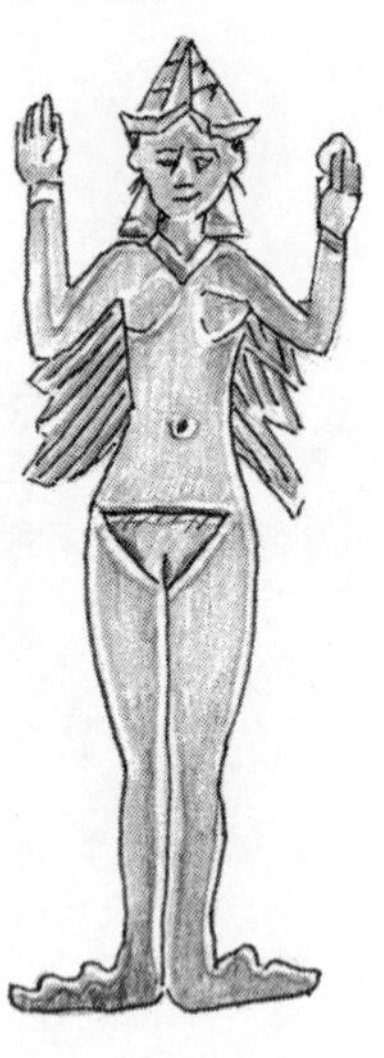
9-2　イナンナ／イシュタル像（イラク、前2000年紀）

職能を帯びた女神たちが大勢出てくるが、彼女らはギリシア民族がエーゲ海域に進出する以前から先住民族によって崇拝されていた多産と豊穣の女神たちの変化した姿である。そうした一連の女神を総称してグレート・マザー、大地母神、大女神などと呼ぶ。

9-3は有名な「ミロのヴィーナス」。ギリシアのミロス島のアプロディーテー像（紀元前二世紀）。腕が失われているが、そのせいでかえって物語的な付加のないトルソとしての美を獲得している。ギリシア神話のアプロディーテーは多産・豊穣というよりも愛と美の女神だが、ローマ神話では地元の菜園の女神ウェヌスがこれに相当する女神だということになった。そのウェヌスを英語読みするとヴィーナスとなる。

なお、ギリシア神話の性のシンボル、アプロディーテーないしヴィーナスの対極にあるのが純潔の象徴であるアルテミス（ローマ神話ではディアーナ）である。森林の野獣の保護者でもあれば狩りの女神でもあり、処女神でありながらお産の女神でもある。矛盾した性格を帯びた存在であるが、起源はやはり多産・豊穣系の女神である。9-4はエペソスのアルテミス神殿の遺跡近くにあった、何やら乳房のようなものがたくさんついている異様なアルテミス像だ。この乳房は奉納されるべき牛の睾丸だとも言われている。いずれにせよ現代人を驚かせる異形の造形だ。

アルテミスもそうだが、古代には処女と謳われる女神の信仰があった。ギリシア神話で最も有名なのは都市国家アテーナイ（現アテネ）の守護神アテーナーである。アテネのアクロポリスにあるパルテノン神殿はこの女神を祀るものだ。ギリシア語で処女を意味するパルテノスの変化形であるが、命名の詳細な経緯は不明である。

アテーナーは都市国家の守護神であり、知恵や技芸の女神であると同時に戦いの女神でもある。文武両道である。神話では、父ゼウスが母である知恵の女神メーティスを――将

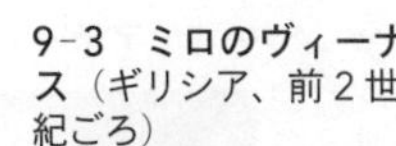

9-3　ミロのヴィーナス（ギリシア、前２世紀ごろ）

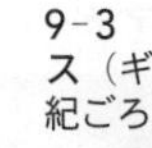

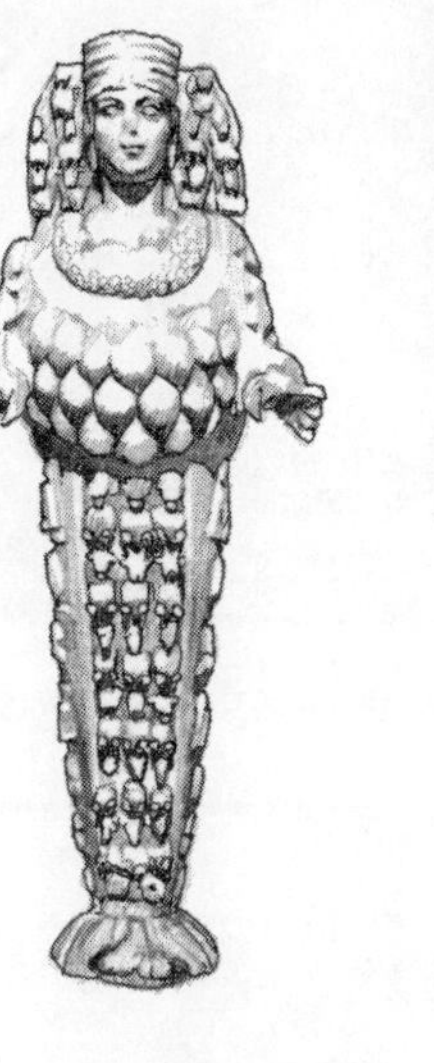

9-4　エペソスのアルテミス（トルコ、１世紀）

来生まれる子に権力を奪われるのを恐れて——呑み込んだのだが、ゼウス自らの体内で成長したアテーナーが月満ちてゼウスの額から甲冑(かっちゅう)をつけた完全武装で飛び出したとされる。9−5に示したのは甲冑をつけたアテーナーを描いた古代の皿絵である。

ちなみに武装した女神のイメージは日本にもある。その一つは太陽神アマテラスだ。暴風雨の神らしき弟スサノヲと対峙したとき、男装して武装したとされている（アマテラスはスサノヲと行なったウケヒと呼ばれる儀礼によって、自らの勾玉から後世の天皇家につながる男の神

9−5　アテーナーの陶器画（前5世紀）

9−6　神功皇后（月岡芳年、部分、19世紀）

を「生んで」いる。性の営みではないから、アマテラスもまた処女神系ということになるだろう）。

なお、新羅に攻め入ったとの伝承のある神功皇后もまた、武装した姿がしばしば絵になっている。武人の尊崇篤かったと言われるので、一種の「武装した女神」だと言えるだろう。9-6は月岡芳年の浮世絵に描かれた神功皇后である。

子を抱く女神

Ⅲ部の扉絵写真（八三ページ）は、古代エジプトの女神イシスの典型的な彫像である。彼女はこのようにしばしば幼い息子のホルスを抱いた姿に造形される。古代エジプトでは女性の間にイシスの信仰が広がっていたと言われる。ローマ帝国時代後期にこの地がキリスト教化したとき、イシスとホルスの信仰は聖母マリアと幼子イエスの信仰に入れ替わった。なお、息子を抱いてはいるものの、イシスは「処女神」とされており、この点でも聖母マリアの信仰と共通している。

福音書の主張によれば、マリアは処女にしてイエスを生んだ。父は天の神である。神学によればイエスは神（の位格）であり、マリアは「神の母（テオトコス）」である（正教会では「生神女」と呼ぶ）。マリアと幼子とを描いた図像としては、9-7をご覧いただきたい。イシス像に近いタイプのもの、母子が親密に頬を寄せるもの、イエスが幼いながら神として信

9-7　生神女マリアとイエス——イコンの図像的バリエーション

9-8　ピエタ（ミケランジェロ、15／16世紀）

者に正面から向き合うものと様々だが、それぞれ定型として定まっている。

ちなみにマリアは聖人の代表であり、一神教のキリスト教では「女神」と呼ぶことはない。しかし、カトリックでは原罪なき存在ともされており、比較宗教学ないし神話学的な視点からは、女神に相当する存在と見ることができる。古代の地中海から中東一帯で信仰されていた大女神たちの最後の名残りというわけだ。

9-8は有名なミケランジェロの「ピエタ」である。イエスが死んだのち、十字架から降ろされた遺体を囲んで聖母や信者たちが嘆く図像が描かれた。ルネサンス期になって、イエスを抱きかかえて嘆くマリアの姿が定番化し、イタリア語でピエタ（哀れみ、慈悲）と呼ばれるようになった。

太古の異教時代には、男性植物神が死んで豊穣の大女神が悲嘆する——たとえばタンムズが死んでイシュタル（アスタルテ）が嘆く、アドーニスが死んでアプロディーテーが嘆く——という植物神話の類型があった。聖母の嘆きのモチーフはその時代の記憶をとどめるものだとも考えられる。ミケランジェロの、キリストに比して大きく見えるマリア像は、太古の大女神の甦（よみがえ）りのように見えなくもない。

観音は男か？　女か？

インド世界にはラクシュミーやカーリーといった女神が大勢おり、その尊崇は篤い。彼女らは基本的に夫神たちのパワーの象徴であり、陰陽あるいは男女性の和合のモチーフを扱う第16章で説明したほうがいいだろう。

東洋の「女神」として有名なのは観音（かんのん）（観世音（かんぜおん）、観自在（かんじざい））菩薩である。英語圏でもクワンインという中国語名でよく知られている。しかし、この菩薩が誕生したインドにおいては、サンスクリット名アヴァローキテーシュヴァラが男性名詞であるように、男と考えるのが妥当だ。しかしこの菩薩は老若男女あらゆる存在に化身して人を救うので、女性の相もある。

9-9 『慈母観音』(部分、狩野芳崖、日本、19世紀)

慈悲深いこの菩薩は中国や日本においてやがて女性のイメージとなった。9-9は狩野芳崖作『慈母観音』。女性的に見えるが、男性の名残りとしてドジョウ髭がある。現代では観音像に髭は描かないのが普通だろう。

また、中国では子を抱く女神としての道教系の観音像が成立した一方、宣教師の指導のもとで観音のスタイルを借りた聖母像が造られるようになった。のちにキリシタン禁制時代の日本で潜伏キリシタンが拝んでいた種々のタイプの「マリア観音」(9-10)は、中国から輸入した観音型聖母像や自ら各種の観音像をモデルに制作した造形であったらしい(若桑みどり『聖母像の到来』)。

9-11は女性化した観音のイメージとも交錯する、道教の航海の女神・媽祖(マーツー)の像である。天上聖母などとも呼ばれ、浙江省、福建省、台湾、香港など広い範囲で信仰されている。

抽象的な寓意像

女神と言えばニューヨーク港を見下ろす「自由の女神」が有名だが、英語ではStatue of

Liberty（自由の像）であり「女神」とは呼ばれない。これは一九世紀末にアメリカ建国百年を祝してフランスが発案し、寄付で造られたものである。そのモデルはフランス革命後の共和国のシンボル、マリアンヌと呼ばれる「自由の女神」であり、さらに「女神」としての形象の淵源（えんげん）は、古代ギリシア・ローマ神話における抽象名詞を擬人化した女神たちにある。たとえばギリシア語／ラテン語でそれぞれ「勝利」を意味するニーケー／ウィクトーリアがその名の女神となり、「正義」を意味するディケー／ユースティティアがその名の女神となっている。これらの言語でたまたまそうした抽象名詞が女性名詞だったのだ。

9-10　三尊形式のマリア観音（中国、17世紀）

9-11　媽祖（中国、18世紀）

第10章　天界の王族——ギリシア神話、インド神話の神々

天界の王侯貴族

今日「神」というと、奇跡的な恵みや幸運をもたらす、人間にとってまことに好都合な存在というイメージが強い。しかし人類史上の長きにわたって、「神」とはむしろもっと恐ろしい、不興を買うと飢饉、疫病、戦争をもたらしかねない存在であった。それは、一つには自然の圧倒的パワーに対して人間の文明が未だ脆弱(ぜいじゃく)であったことにもよるだろうし、また一つには地上界の王族と平民や奴隷との関係がそのまま天界の神々と僕(しもべ)としての人間どもとの関係に投影されていたことにもよるだろう。

一部の神は、人間の共同体に規律をもたらす法の制定者として思い描かれた。原始的には、部族や民族の慣習的な掟が祖先や神の名によって権威づけられたということだろう。王権もまた法の神の神話を利用した。10‐1は紀元前一八世紀のバビロニアのハンムラビ法典を刻

んだ円柱の頭頂部にあるレリーフである。ハンムラビ王が神（太陽神シャマシュ？）から王錫を受け取るところを表現している。

10－2は紀元前八世紀の同じくバビロニアの主神マルドゥクを描いた印章の図柄である。下に控えるのはムシュフッシュという名の聖獣。マルドゥクについては眼が四つあるなど異様な姿を描写した文書もあるが、ここでは壮年男子の王のような姿に描かれている。マルドゥクは戦いの神であり、原初の海を体現する女神ティアマトを真っ二つに切って半身ずつを天と地に仕上げた創造神でもある（ティアマトを退治するマルドゥクを描いたかと思われる図像については、第22章をご覧いただ

10-1　ハンムラビ王とシャマシュ神？（イラン出土、前18世紀）

10-2　マルドゥクの図柄のある印章（イラク出土、前８世紀）

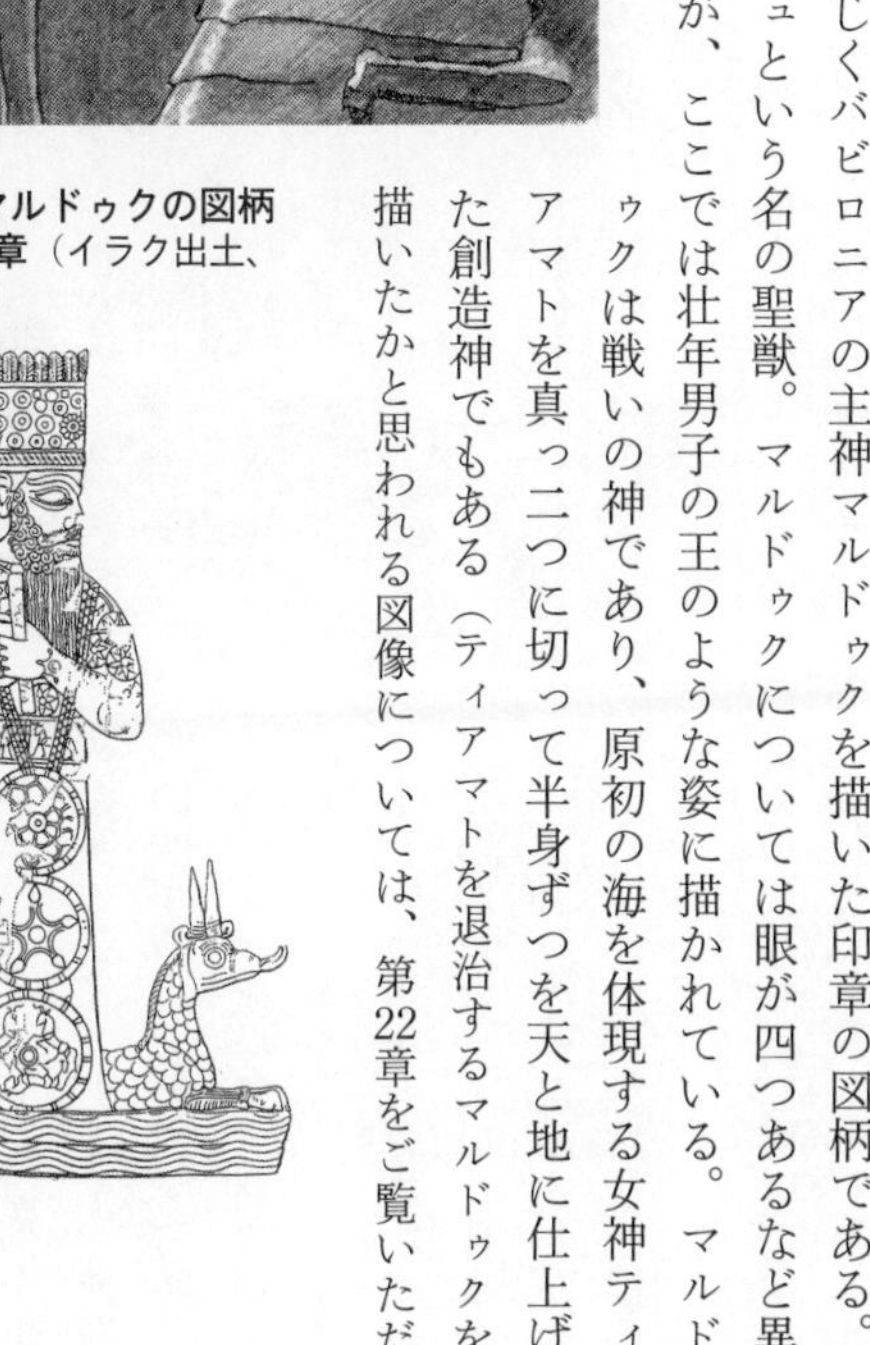

10−3　フェイディアス（前5世紀）作ゼウス像の推定復元図

きたい）。

マルドゥクといい、紀元前一千年紀のインドで信仰を集めた英雄神インドラ——悪竜の隠匿する水を解放する神話をもつ——といい、神々はしばしば「治水事業」らしきことを行なう。それは地上では王たちが行なっていた仕事である。時代はぐっと下るが、紀元後八世紀に記録された日本の荒ぶる神スサノヲもまた、ヤマタノヲロチを退治したことで有名だ。このヲロチにも荒れる河川のイメージがあると言われている。

10−3は、ギリシアはオリュンピアにあったゼウス神殿の内部に鎮座ましましていた主神ゼウス像の推定復元図である。右手には勝利の女神（ニーケー）がおり、左手の棒の先には鷲（わし）がいる。

ギリシアのオリュンポス神族の家長ゼウスは、ローマ神話ではユーピテル（英語読みジュピター）と呼ばれる。起源は同じであり、インド＝ヨーロッパ語族に属する諸民族が太古に崇拝していた天空神だ。いわば天そのものの形象であるが、具体的な神話ではむしろ雷の神様となっている。ゼウス／ユーピテルの図像は、しばしばインドラの金剛杵（こんごうしょ）にも似た鉾（ほこ）をもっているが、これは稲妻を象徴化したものだ（以下、ギリシア神話の神名の後ろに「／」に続けて記しているのは、対応するローマ神話の神名である）。ゼウスの持ち物としては、他に叢雲のイメージを帯びた楯であるアイギスがある。英語読みでイージス、すなわち「イージス艦」のイージスである。

ゼウス／ユーピテルはギリシア／ローマ神話において多くの兄弟姉妹（たとえば海神ポセイドーン／ネプトゥーヌス〔英語名ネプチューン〕、冥界神ハーデース／プルートー、農耕の女神デーメーテール／ケレース）や男女の子供たち（たとえば狩猟の女神アルテミス／ディアーナ〔ダイアナ〕、光明と神託の青年神アポローン／アポロー〔アポロ〕、軍神アーレース／マールス〔マーズ〕）といった家族に恵まれているが、神々を「家族」として描くのがギリシア人やローマ人の宗教世界の特徴ともなっている。天界の偉大なる家父長制である。

なお、ゼウス／ユーピテルのそばには霊鳥として鷲が常にいる――あるいは神自身が鷲に変身して地上界に姿を現す――とされている。鷲はローマ皇帝ないしローマ帝国のシンボルともなり、その流れをくんで白頭鷲がアメリカ合衆国のシンボルとなっている。

神々の持つ象徴的事物──ギリシア神話

ゼウス／ユーピテルが壮年男子らしい髭の他には、雷電、アイギス、鷲といった象徴的な事物や動物によって図像的に識別されるように、他の多くの神々も、持ち物や霊獣によって識別される。無数にいる神々のプロフィールを紹介するかわりに──それは神話事典の仕事だろう──ここでは、ギリシア・ローマの男女の神々の特徴的な持ち物（アトリビュート）を紹介することにする（10－4）。

海の神ポセイドーン／ネプトゥーヌスは漁に使うような三叉（さんさ）の矛（ほこ）をシンボルとしている。映画『ダ・ヴィンチ・コード』の中で架空の象徴学者ラングドンが述べているように、キリスト教の絵画では悪魔に三叉の矛を持たせることが多いので、混同に要注意だ。

豊穣の女神デーメーテールには農作業用の鎌を持たせた絵画の例がある。この鎌は今では欧米でも見かけないもので、むしろ労働者の象徴であるハンマーと組み合わせて農民の象徴として描かれたソ連のマークを連想させる。

二匹の蛇が巻き付いた（翼付き）の杖（ケーリュケイオン／カードゥーケウス）を持っている神がいたら、それは伝令神ヘルメース／メルクリウス（マーキュリー）だ。これは医神アスクレーピオス／アエスクラーピウスが持つ蛇一匹の杖とは異なる（こちらは今日、WHO

10-4　ギリシアの神々の持ち物

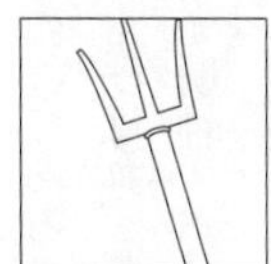
ポセイドーン
三叉の矛

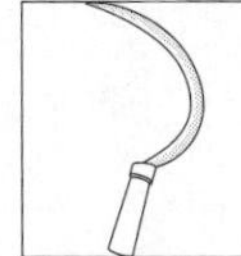
デーメーテール
鎌

ヘルメース
伝令杖

現在救急マークになっているアスクレーピオスの杖

アポローン
オルペウス
竪琴

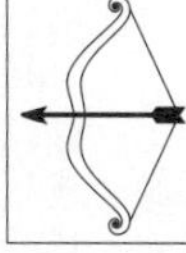
アポローン
アルテミス
エロース
弓矢

ディオニューソス
ブドウ

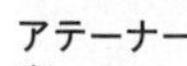
アテーナー
兜　梟

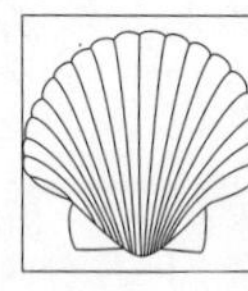
アプロディーテー
ホタテ

の旗に描き込まれたり、救急車のマークになっていたりする）。

　音楽の神ともされる光明と神託の神アポローンは竪琴を持っていることが多い（死んだ妻を追いかけて冥界まで旅した楽人オルペウスもまた竪琴を手にしている）。アポローンとその姉妹である狩猟とお産の女神アルテミスは、ともに弓矢の達人である。ただしアポローンが放つ矢は速やかに広がる疫病のシンボルでもある。アポローンには厄病神としての性格もあるのだ（厄病転じて医学の神ともなっている）。

　同じく弓矢を持っていても、愛神エロース／アモルの場合は、これは恋の矢である。愛神はローマ神話ではアモル（愛）の他にクピードー（欲望＝キューピッド）とも呼ばれ、しばしば小さな人の姿、あるいは少年、さらには赤ん坊の姿で描かれる。

光明神アポローンを理性と静謐（せいひつ）なる美の象徴、反対に酒神ディオニューソス／バックス（バッカス）を狂気と暗い情念の象徴とすることがニーチェ以来定着しているが、ディオニューソスの象徴的事物はブドウの房やブドウの木である。

都市国家アテネの守護神であるアテーナー／ミネルワは女神ながら兜（かぶと）をかぶっている。アテーナーの印としては梟（ふくろう）も見逃せない。アクロポリスに梟が棲んでいたからと言われているが、知恵の女神アテーナーのお使いである梟は賢さの象徴となって今日に及んでいる（梟そのものはとくに賢い鳥ではない）。

美と愛の女神アプロディーテー／ウェヌス（ヴィーナス）を描くときには、しばしばホタテが象徴物となる。ボッティチェリの『ヴィーナスの誕生』は後世制作されたものとして最も有名なヴィーナス像だ。ホタテは女陰の隠喩ということらしい。

オシャラー
最高神

イァンサン
風雨の女神

ブラジルとインド

特徴的な事物で神々を区別するのは、世界中の神話

10-5　カンドンブレのオリシャ（参考：*Manchete*, 1/12, 1990）

シャンゴー 雷神　イェマンジャー 海の女神　エシュー 悪魔　オモルー 疫病の神

ナナン 水の女神　オグン 戦いの神　オシュン 河神・美神　オショッシ 狩りの神

世界で行なわれていることだが、本章では、現役の多神教の事例として、ブラジルの宗教とヒンドゥー教に触れておくことにしよう。

10-5は現代ブラジルの民間信仰的な宗教、カンドンブレにおけるオリシャ（神霊）たちの姿を描いたものである。事物で神霊を象徴するやり方はギリシア神話の場合と同じだが、オリシャの数が十数柱と限られているぶんだけその姿の定型化も進んでいる。ブラジルといえば最大のカトリックの国だが、実はアフリカ系住民を中心に、オリシャの信仰も根強い。オリシャはキリスト教の神・聖人とも合体している。海の女神イェマンジャーは聖母マリア、思慮深き老人の神オシャラーはキリストといった次第だ。多神教らしい融通無碍さである。

次はインドだ。多神教であるヒンドゥー教の神々の姿は寺院の壁面などに造形されるが、今日一般に目にするプリントされた極彩色の宗教画は、キリスト教の家庭の壁にかけられるキリスト聖画に触発されて近代になって発達したものだ（だから、パターン化されているとはいえ陰影つきの立体的表現である。伝統的インド絵画は日本画と同様の平面的なものであった）。神々の顔立ちなどはどれもよく似ているが、ここでも識別に役立つのは持ち物、あるいは身なりや姿勢、そばにいる動物などである。10－6にヒンドゥー世界を二分する人気を誇る二大神、ヴィシュヌとシヴァの図像の注目点を示す。

ヴィシュヌ神の図像にはしばしば天蓋のように頭上を覆う竜王（コブラ）が描かれる。四つの手は権力を表す棍棒、霊的武器である円盤チャクラ、法螺貝、蓮華を持つ（インドの神は四臂に造形されることが多い）。横たわるヴィシュヌの臍から小さな宇宙神ブラフマーが現れている図像も多い。ヴィシュヌは様々に化身する。最も有名な化身は人気の高い若い牧童姿の神クリシュナであるが、これはもともとローカルに人気のあった別の神であったらしい（しばしば化身の概念は、歴史的な神々の習合過程を示唆するものとなっている）。

10-6　インドの二大神

ヴィシュヌ

クリシュナ（化身の一つ）

シヴァ

シヴァ神は髪を結った苦行者の姿に描かれる。額には第三の眼があり、聖牛を従える。持ち物としては三叉の矛、首に巻く蛇と数珠など。シヴァはまた、脚を上げて踊る姿でも盛んに造形される（ナタラージャと呼ばれる）。神の踊りのリズムは宇宙の鼓動を意味するという（なお、シヴァ神と妃カーリーとによる性的和合の図像については、第16章を参照のこと）。

第11章 異形の神々——ラー、パーン、ジャガンナータ

動物頭の神々

神も霊も人間の想像力の産物であるから、現実離れした姿に思い描かれる場合がある。とくに目につくのは、人間と動物の合成体のような姿だ。動物のもつ恐るべき能力への恐れと敬意の表れであろうか。

11-1は「ライオンマン」と通称される人類最初期の創作物である。体は人間めいているが、頭だけは猫族である。何のために彫られたのかは分からない。信仰のようなものと関係していたという証拠もない。ではなぜ取り上げたのかというと、こうしたキマイラ（異なる種族の特徴を足し合わせた体をもつ空想的動物）的造形は、人間の想像力が最初から現実を逸脱したものであったことを教えてくれるからだ。人間の思考はリアリズムよりもファンタジー／神話向けにできているのかもしれない。

人間の体の頭だけを動物に挿げ替えるのは、芸術史上ずっと行われ続けており、後代にははっきりとした神像としても登場するようになる。たとえば11－2はヒンドゥー教の神であるガネーシャである。太った人間の体に象頭がのっかっている。富と成功、また知恵と学業の神とされており、民衆のあいだで人気がある神様だ。象は頭がよいとされているので、その頭をもつ神が学問の守護神となるのは理解できる。大叙事詩『マハーバーラタ』を仙人のヴィヤーサが歌い上げるのを、そばに控えて口述筆記したのがこのガネーシャだ。

なぜ象頭なのかを説明する神話もある。シヴァ神妃のパールヴァティーが自らの家僕をこしらえた。この新人の従者は帰宅したシヴァ神を――主人パールヴァティーの連れ合いであるとも知らずに――通せんぼしてしまう。怒ったシヴァのパワーによって首を失った気の毒な従者が代わりに与えられたのは、象の頭であった。首探しに出されたシヴァの使いの者が野原で最初に出会ったのが象だったからだ。

11－1　ライオンマン（32000年前、ドイツ出土）

歴史的な起源としては、象頭の神の信仰は太古のインド亜大陸の先住民の宗教に由来するらしい。古代の一時期には性的な秘儀を伴う宗派を形成したこともあった。その名残りとして、日

11-2　インド発の象の神様

ガネーシャ（15世紀）および日本密教の歓喜天（聖天）

本密教には、象頭の男女の神が互いに抱き合う形に描かれる「歓喜天」あるいは「聖天」という秘儀的な神の信仰がある。

動物頭の神の図像としては古代エジプトの神々のものが最も有名である。オシリスやイシスなど人間の顔をもつ神々に混じって、かなり多くの神が動物の頭をもっている。11-3をご覧いただきたい。左端の冥界神オシリスは人間の男の形である。王者然としており、羽飾りのある冠を被る。両手に持っているのは王権の象徴である。その隣の太陽神にして国家神である男神ラーは、しばしば隼の頭に描かれる。頭上の円盤は太陽に由来するが、聖なる蛇が巻き付いた形となっている。その

11-3　エジプトの神々（紀元前、各種パピルス文書）

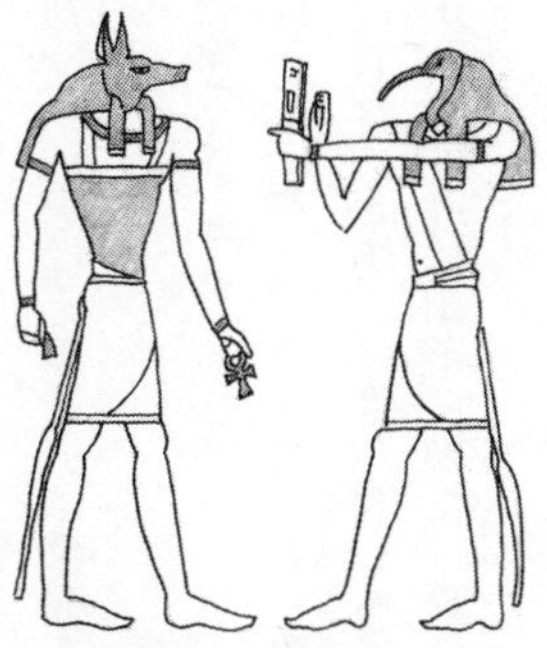

人間の姿のオシリス　隼頭のラー　山犬頭のアヌビス　朱鷺頭のトト

11-4　遠野のオシラサマ

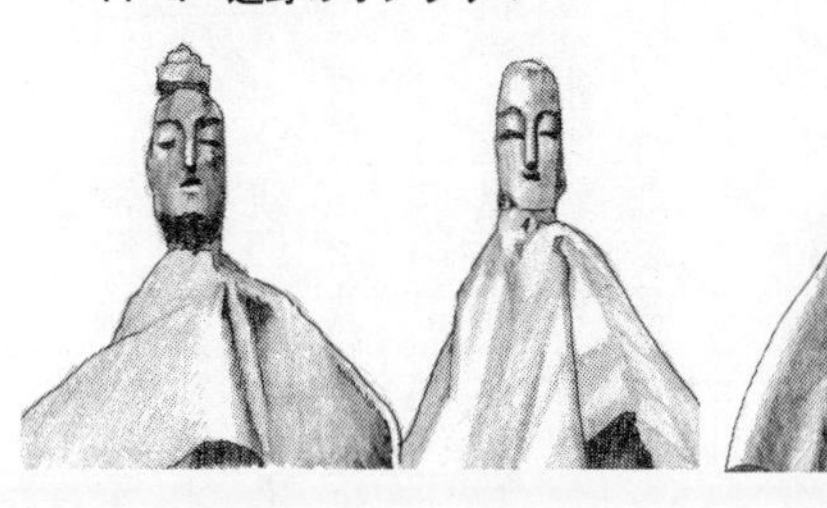

右は山犬頭の男神アヌビス。墓地の守護神である。右端は朱鷺の頭で表現された男神トト。文字を発明した知恵の神である。頭はヒヒのときもある。他にもライオン頭の戦闘の女神セクメトや、猫頭の恵みの女神バステト、羊頭の豊穣の男神ハルサフェス、蛙頭の出産の女神ヘケトなどなど。

11-4は、時代も場所を大きく飛んで近現代の日本の民俗的な神オシラサマを表す男女の神像および馬頭（あるいは馬そのもの？）の神像である。オシラサマは農業・蚕・馬の神で、地域によって信仰に差があるらしい。ちなみに

11-5　聖クリストフォロス（ロシア）

宮崎アニメ『千と千尋の神隠し』には大根の形をした創作オシラサマが登場する。無口で親切な神様である。

キリスト教世界にも珍しく動物頭の「カミ」がいる。正確には聖人である。東方正教会のクリストフォロスという聖人は、11-5に見るように、しばしば犬頭に描かれる。いかにも異教めいているのでそうした図像は禁止されることもあったようだが、民衆は犬頭の聖人を崇め続けた。なんでも、ローマ帝国時代の北アフリカの「犬頭の部族」の出身なのだそうである。他方、カトリック世界では、クリストフォロスは巨人に描かれる。隠者の奉仕活動として旅人を背負って急流を渡すのを常としていたが、あるとき背負った子供が異様に重くなった。実はその子供は世界を担うイエス・キリストなのであった。

動物の体の神々

11-6はギリシア神話のよく知られた半獣半人たち二体。パーンと呼ばれる牧人と家畜の守護神は角があり、顔はひげもじゃで上体も毛深いが、臍まではいちおう人の姿をしている。しかし下半身は山羊の脚だ。森に棲む神として妖精ニンフや美少年を追い掛け回すという色好みの神だが、要するに自然の生命力の象徴のような存在だ。森で眠るパーンをふいに起こすと、報復として人間に恐慌を起こさせる。これがパニックである。パーンは単体の神だが、

11-6　ギリシア神話の半獣半人（パーンとケンタウロス）

これと造形的によく似ているのが、やはり山羊脚のおどけた精霊である複数のサテュロスである。そしていずれもローマ神話では牧神ファウヌスと関係づけられた。馬と人間が合体しているのはケンタウロス／ケンタウルス。野蛮な種族とされるが、ケイローンという名のケンタウロスは医術やその他の技芸に長けた優れた人物（？）で、英雄アキレウスとか医神アスクレーピオスの養育者として知られている。

体が動物ということでは、蛇身の神々として知られる古代中国のシュールな男女神、女媧と伏羲を紹介しないわけにいかない（11-7）。いずれも世界と人類の創生時代の神であり、ともに蛇身であり、このように互いに巻きあった姿で描かれ

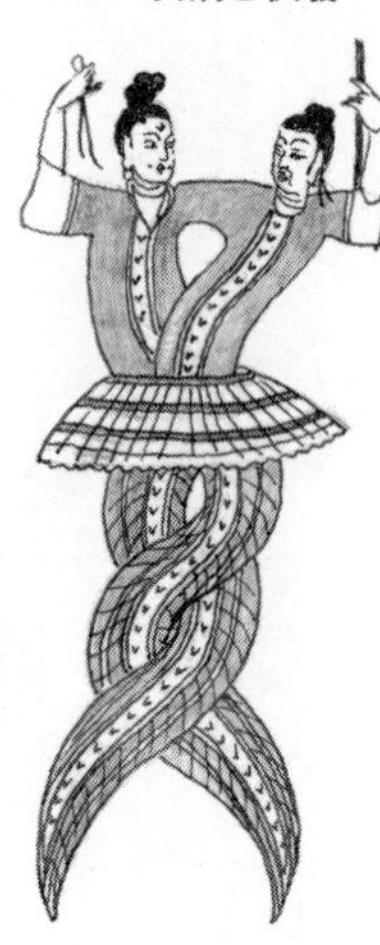
11-7　女媧と伏羲

た図像がよく知られている。道徳的な儒教が知識人の教養となった中国では、民間信仰的な神々の信仰は正式の記録から外されてしまい、おかげで古代中国神話は細々としか伝わっていない。女媧については、彼女が泥をこねて人間を造ったという神話が知られている。伏羲のほうは文字を発明したり漁網を発明したりと文化英雄的な役割を果たしている。

異様に見える造形

異形の神々には無数のバリエーションがある。鳥の翼をもっている愛神エロース／アモル（キューピッド）もまた——翼の生えた神馬であるペーガソス（英語読みペガサスでよく知られている）と同様に——異形ではあるだろう。美形だから、普通はモンスターに数えられないだけだ。さらに、大地の女神ガイアのように、自然そのものとしてイメージされる神々もいる。

また、本来とくにキマイラ的なものではなかったはずだが、造形的伝統が手足を省いたり目などを目立たせたりしたために、怪物か漫画のような造形になった場合もある。よく知られたイースター島のモアイも、手足が退化して顔ばかりに思えるが、人間型の彫像が様式化されたものである。

11－8はインドのローカルな神、ジャガンナータとその家族を描いた図像である。インド東部のオリッサ州プリーの六〜七月の祭りには、地元の神ジャガンナータ、その兄バララーマ、妹スバドラーの三柱の神の山車が練り歩く。このジャガンナータはクリシュナ神の化身とされるが、一般にはクリシュナ神はヴィシュヌ神の化身とされている。化身概念は様々なローカルな神を一つにまとめる働きをもっているのである。三柱の神はどの写真を見ても、目玉ばかりがぎょろぎょろした不思議な造形となっている。ここに挙げた一九六〇年にインドで出版されたポール・トーマス著『ヒンドゥー教の慣習と作法』掲載の挿画はその特徴を鮮明に描き出している（なお、英語ジャガーノート Juggernaut はこのジャガンナータ Jagannatha の祭りの山車に由来する言葉である。この山車に轢（ひ）かれて死んだら天国に行けるとされて

11-8　ジャガンナータ（P. Thomas, *Hindu Religion, Customs and Manners* 収録画像より）

左からバララーマ、スバドラー、ジャガンナータ

いたので、盲目的献身と犠牲を強いる迷信を英語でそう呼ぶようになったのである）。

11－9は、マヤの雨神チャークの図像である。マヤやアステカの神々というのは、その造形的伝統になじみのない我々にはすべてモンスターめいて見えるが、当のマヤ人、アステカ人にはどう映っていたのだろうか？　チャークの図像としては、横向きの顔の上唇がクチバシのように突き出ていること、口の端に巻き髭状の形があること、左手に雷を象徴する蛇状の斧を持ち、右手に頭蓋のようなものを持つ

11－9　雨神チャーク（コウ、ストーン『マヤ文字解読辞典』より）

ことで識別されるようだ。

マヤの独特の造形感覚は、絵文字のようなマヤ文字の一つ一つにも表れており、とくに神ばかりが奇怪なわけではない。神を異様なものとして理解していたのか、単に描き方の伝統のせいで我々には異様なものに見えるだけなのかは、他の文化の宗教図像を見るときにも、意識しておくべき問題である。

第12章　瞑想の中の救済者——諸仏、諸菩薩、諸天

大乗仏教は事実上の多神教であり、如来（仏）、菩薩、明王、天といった存在（一種の神々）が信仰空間にひしめいている。ギリシア神話の神々や神道、道教、ヒンドゥー教などの神々と少し様子が違っているのは、抽象的な教理の体現者としての性格が強いことである。起源的にインド土着の神霊に由来するものもあり、また東アジア各地に定着して新たな民俗的神話を生み出すこともあるが、それでも理屈っぽさが目立つ。密教では、これらの理念的な諸仏諸菩薩を瞑想して仏教の理想を——そして呪力を——身につける修行を行なう。

如来像

大乗の尊像は数が多く、抽象的にカテゴリー分けされている。

まず、如来や仏陀と呼ばれるカテゴリーがある。如来（タターガタ）と呼ばれるのは仏教

12-1　如来像の典型

の最高の理想を体現した存在で、仏陀（ブッダ）とイコールである。もともと開祖の釈迦がブッダやタターガタの称号を得て尊崇されていたが、やがて神格化が進み、しかも彼に似た救済者が宇宙中に充満していることになった。釈迦を除いてすべて神学的・神話的存在である。

図像的なポイントを簡単に整理しよう（12-1）。基本のモデルは開祖の釈迦であるから、図像的にも修行者の簡素な布（衲衣＝糞掃衣）をまとった、裸にかなり近い姿で描かれる。衲衣は一〇メートルもの長さのある細長い布だ。これを腰のあたりにぐるぐると巻いて、最後に左から後ろを回って右に出たものを左肩に掛けて、残った先をさらにもう一回ほど巻き、残りは左腕にかける――東アジアの作例ではさらに後ろに回って右肩に布の端がちょこんと乗る――というシンプルながら作法のあるものだ。ソクラテスやシーザーが着ていたものに似ている。仏教の修行者も基本的に同じスタイルだったが、インドより寒冷な中国では同じ服装では暮らせなかったとみえて、このカーテンのような衣はいわゆる「袈裟」として象徴的に着物の上にまとうことになった。今日でも袈裟が斜めにひきつったような形をしているのは、原形の記憶を留めているからである。

　如来の造形としては次の点に注目される。頭の中央が盛り上がっている（肉髻）。これは本来は鏡餅状に結い上げた長髪に由来するものだという。頭髪はアフロヘアめいている（螺髪）。インド人の縮れ髪やガンダーラ地方のギリシア系住民のウェーブのかかった髪がいつのまにかこんな造形になったのだ。おでこの中央に渦巻き状の毛があるとされる（白毫）。インドではシヴァ神の額に第三の眼があったり、各派の信者がティラカという象徴的装飾を額に記すのと同じである。手の指に水掻きのような膜状のものが造形されるのは（縵網相）、彫像の補強のためだろうが、万人を救いから漏らさないためだなどという理屈がつけられた。さらに、たいがい耳たぶが大きくできているが（いわゆる福耳）、これはインド人がピアスをぶら下げていたかららしい。釈迦は身体が金色に輝いていた（金色相）と言われるが、肌が貴族的にすべすべしていたということなのか、仏像を金色に造形したので逆にそう言うようになったのかよく分からない。他に男根が体内に格納されているなどというのは仏像では分からないことだ。偏平足であるというのは、涅槃の仏像や仏足石で確認できる。

　これらのスタイルで出現する如来／仏陀には釈迦牟尼如来、阿弥陀如来、毘盧遮那如来、薬師如来などがあるが、いずれも同様の服装なのでパッと見に識別は難しい。

12-2　阿弥陀来迎図（知恩院「早来迎」部分、13～14世紀）

釈迦牟尼如来は開祖そのひとであり、我々が住むサハー（娑婆）世界の教主である。阿弥陀如来は宇宙の遠い彼方（西方とされる）にあるスカーヴァティー（極楽）世界の教主である。極楽は浄土であり、地獄や餓鬼や畜生といった苦しい生存形態がない。だからこの世界に生まれ変わる（往生する）ことが推奨された。阿弥陀の原語はアミターユスあるいはアミターバであり、前者は無量寿、後者は無量光と漢訳されている。12-2のような死者を迎える来迎図が有名だ。鎌倉の大仏もまた阿弥陀である。

　毘盧遮那如来あるいは盧舎那仏は華厳経に説かれるブッダである。原名はヴァイローチャナであり、太陽の光輝を意味する。悟りの宇宙の体現者で、巨大に造形された奈良の大仏が有名だ（大仏がみな毘盧遮那というわけではない。タリバンに破壊されたバーミヤンの五五メートルの大仏は後述の弥勒菩薩がブッダとなった弥勒仏だそうだ）。毘盧遮那と本質的に同じだが、密教（真言宗や天台宗）の曼荼羅と呼ばれる瞑想用の諸仏諸菩薩一覧図の教主として描かれるときには大日如来と呼ばれる。大日の服装は如来型ではなく、装飾の多い菩薩型（下記参照）である。

他にも多数の如来がいるが、人気の高かったものとしては、薬師如来が挙げられるだろう。医療系の現世利益の如来であり、薬壺（やっこ）を手にする姿に造形されることがある。

菩薩像と明王像

如来／仏陀は仏教的真理の体現者であるが、求道の最終段階にあるのが菩提薩埵（ぼだいさった）、略して菩薩である（原語はボーディサットヴァ）。菩薩は如来に次ぐ地位であり、如来を本尊とする三尊像の両脇侍として造形されることも多い。他方、菩薩には自らが如来に昇格するよりも世俗の現場に立って民衆救済するというイメージもあり、そういう意味では有難い存在であるのみか、実力的に如来と互角だとも言える。だから信者は如来も菩薩も区別なく平等に拝む。

如来の歴史的モデルは教団を率いる釈迦であり、菩薩の歴史的モデルは悟りをひらく前の王子時代の釈迦である。だから菩薩像は一般に王子らしき頭飾りをつけ、装飾的な服装をしている。12-3はその原型的な図像で、左はインドの文殊菩薩像、右は韓国の弥勒菩薩像である。文殊は大乗仏教を理論面で代表する天才少年である（ことわざ「三人寄れば文殊の知

12-3　原型的な菩薩像

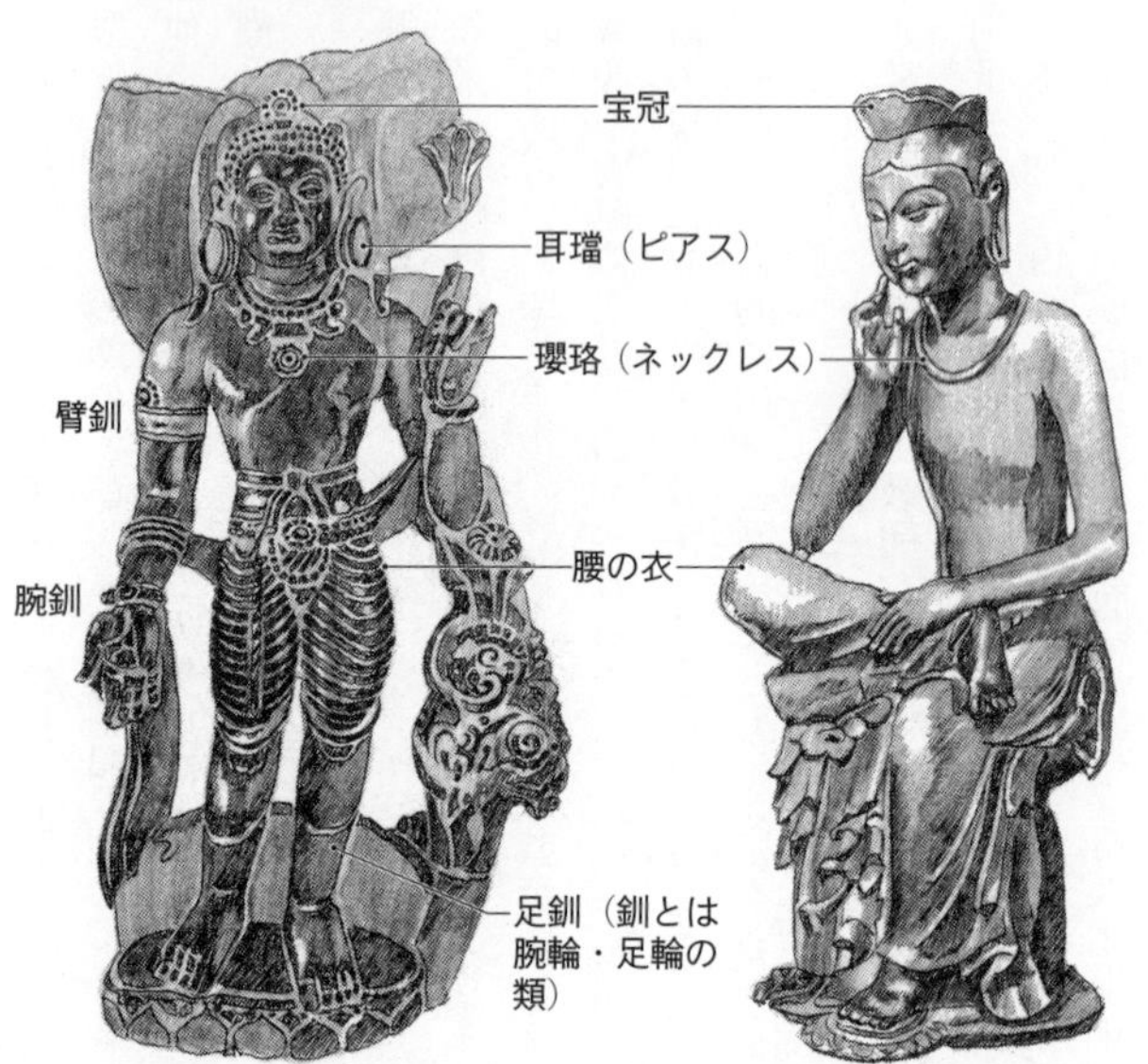

文殊菩薩（7～8世紀、ビハール州、インド）

弥勒菩薩（思惟半跏像、7世紀、百済）

恵」に言われるほどだからよほど賢いのだ）。弥勒は兜率天にて瞑想中の菩薩で、自らがブッダとして世に出現する日を待っている（だから弥勒仏というのもある）。図中の弥勒は有名な百済のものだ。

12-4は菩薩像の応用的な例であり、左は通例よくある出家者の装いで造形される地蔵菩薩。インドの大地の神に由来する地蔵は、地獄の亡者をも救うとされる一方、後世の民間信仰では死後の審判者である閻魔大王と同体であるともされた。日本では六地蔵として六体を並べて造

12-4　応用的な菩薩像

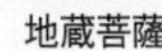
地蔵菩薩

千手千眼観音（南宋）（『世界美術大全集　東洋編６』（小学館）68ページの写真の明暗を逆転して背後の無数の手を明瞭に浮き立たせたもの）

形することも多い。地獄・餓鬼・畜生・阿修羅・人・天のあらゆる衆生の救済者ということらしい。右は極端な造形に向かった千手千眼観音菩薩像。これは中国の作例で通常日本で見る千手観音よりもはるかにデーモン的に造形されている。観音（観世音、観自在）菩薩は現世利益型の救済者の典型で、救済の意欲を持ち物で誇張したり、様々な顔の面を頭に置いたり、造形的なバリエーションが多い（聖観音、十一面観音、不空羂索観音、如意輪観音、馬頭観音などなど）。東アジアでは女性とイメージされるようになったことは第9章に書いた。

菩薩が一般に慈愛深い姿をもっているのに対し、怖い顔をしているのが明王である。煩悩を打ち砕くために、忿怒相を表している。このようなやり方をとるのはインド仏教の末期に発展した密教の特徴である。キリスト教でも終末のミカエルや審判のキリ

12-5　明王像の典型

不動明王

降三世明王

愛染明王

ストは怖い側面を見せるのだが、忿怒の形相に描かれることはない（怖い顔をするのはやっつけられる悪魔のほうだ）。

12－5は代表的な明王像。不動明王は炎を背にして睨みつけながら教化し難い衆生を教化する。降三世（ごうざんぜ）明王はいつも大自在天とその妃（ヒンドゥー教のシヴァ神とカーリー女神）を踏みつけている。密教神話ではシヴァ神が大日如来に逆らったとされているのだ。宗教闘争の歴史を感じさせる図像である。愛染（あいぜん）明王は愛欲と

12-6　仏教の天とヒンドゥー教のデーヴァ

帝釈天　＝　インドラ

いう本来ならば棄てるべき煩悩を悟りへと浄化する。

他宗教からの動員

如来がボス、菩薩と明王が部下であり、それぞれ役割分担してアメとムチで世の教化を進めているわけだが、これら仏教プロパーのカミガミの他にも礼拝対象がある。応援団ないしボディーガードとして動員されたインド土着の神や鬼神である。ヒンドゥー教の神（デーヴァ）に相当するものを漢語では「天」と訳す。代表的なのは宇宙全体に充満する呪力であるブラフマンの神格化である梵天（ブラフマー）と、紀元前二千年紀には最も尊崇を受けていた帝釈天（インドラ）であるが（12-6）、他に持国天、増長天、広目天、多聞天（＝毘沙門天）の四天

12-7　光背

王や、弁才天（弁天、弁財天）や吉祥天などの女神たちがいる。ヒンドゥー教にはデーヴァより格が下がり鬼神ないしデーモン的な性格をもつアスラという神格もあるが、これは仏教漢語では阿修羅と書かれる。ヒンドゥー世界で神に準じた働きをする種々のコブラは竜ないし竜王となっている。さらに迦楼羅（ガルーダ）、乾闥婆（ガンダルヴァ）、緊那羅（キンナラ）、摩睺羅迦（マホーラガ）といった半人半獣的な姿をもつ衆生も動員されている（一部は天界の音楽隊をなしているので次の天使の章でもう一度取り上げよう）。

蓮台、光背、印相

これら大乗仏教のカミガミの多くは蓮の台座の上に坐りあるいは立ち、背後にキリスト教のニンブスやマンドルラ（第7章）に似た光背（後光）を背負っている（12-7）。頭の後ろにあるのを頭光、身体の後ろのものを身光、尊像全

12-8　印相

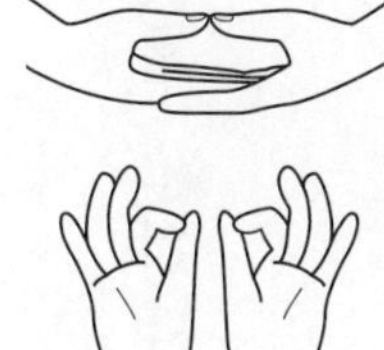

禅定印
瞑想中である

転法輪印
説法中である

施無畏印
恐れるな

与願印
願いを叶えよう

降魔印
悪魔は退散せよ

智拳印
大日如来の智慧
（金剛界曼荼羅）

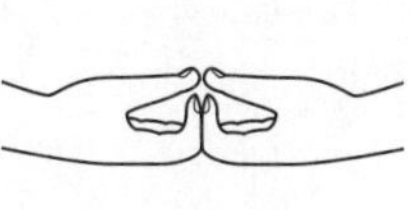

阿弥陀　定印

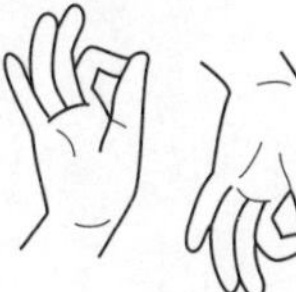

阿弥陀　来迎印

体を包むものを挙身光と呼ぶ。後者には舟のような形をした舟形光や不動明王が背負っているような火炎光などもある。

インドには（ハワイのフラのような）手の形で意味を表す文化があり、如来像などのポーズの理解に役立つ。これを印相と呼ぶ（12-8）。瞑想のときの手の位置に由来するものや、「法輪を転ずる」ことを手で表したもの、釈迦が地面に手を当てて大地の神を呼び出し、悟りの証言者となってもらい、悪霊を退散させたという故事に由来するものなどがある。

第13章　絶対神の眷属——ケルビム、ミカエルから悪魔まで

絶対神の礼賛者

大乗仏教において増殖した神霊的な救済者が菩薩だとすれば、一神教において増殖した神霊的な救済者は天使である。天使とは神の使い、伝令のことである。神よりも格が下の霊ということであるが、多神教の場合そもそも様々な階級の神々がたくさんいて、多くの神が上位の神の従僕のような働きをするので、あえて「天使」というジャンルを立てる必要はない。天使という概念は基本的に一神教のものだ。唯一絶対の存在を礼賛するか、この存在の命令を人間に告げる役割をもつのが天使ということになっている。

聖書世界の天使はざっと次の通りだ。まず、神の最もそばにいて常に神を賛美しているのはセラフィム（複数形。単数はセラフ）である。熾天使と訳す。熾とは燃え盛ることで、いわば太陽の周りの放射状の光線のようなものだ。図像的には13-1のように描かれる（中

央）。六翼であるが、身体は――身体があればだが――翼で隠している。

13-1のセラフの両脇にいる一対の天使はケルビム（複数形。単数はケルブ）である。智天使と訳す。セラフィムとケルビムは似たような形に描かれることもあるので区別しにくい。ケルビムもまた神の礼賛者だが、しばしば番兵や衛兵のような感じで登場する。たとえば第2章で紹介した十戒を納めた聖櫃の上に置かれる狛犬のようなものがケルビムと呼ばれている（13-2に示した古代中東のラマッスという門番のような霊獣が起源であるという）。

13-1　セラフィムとケルビム

13-2　古代アッシリアの霊獣ラマッス

ケルビムはいっそう怪獣めいた姿で登場することもある。13-3の左は旧約聖書「エゼキエル書」の中で預言者エゼキエルが目撃したという怪物のようでも満艦飾のUFOのようでも

13-3　エゼキエルの見たケルビムと四福音書記者の象徴

（*Biblia del Oso*　序文の挿画、16世紀）

（*Hortus Deliciarum*　部分、12世紀）

あるケルビムである。メルカバ（戦車）と呼んでユダヤ神秘主義のカバラの瞑想の材料ともなっている。聖書の描写は複雑怪奇であり、預言者がいったいどのようなものを見たのか復元するのは困難である。

……大きな雲と燃え続ける火とその周りに輝きがあり、その中に琥珀金（こはくきん）のきらめきのようなものが見えた。また、その中には四つの生き物のようなものがあった。その姿は人のようであった。それぞれに四つの顔があり、四つの翼があった。その足はまっすぐで、足の裏は子牛の足の裏のようであり、磨かれた青銅のように輝いていた。また、その翼の下には、四つの方向に人の手があった。四つの生き物には顔と翼があり、翼は互いに触れ合い、進むときは向きを変えず、それぞれ前方に進んだ。顔のようなものは人の顔であり、四つとも右に獅子の顔、四つとも左に雄牛の顔、四つとも後ろには鷲の顔があった。顔はそのようであった。翼は上方に広げられ、一対は互いに触れ合い、一対はその体を覆っていた。それらはそれぞれ前方に進み、霊の行く所に行き、進むときその向きを変えなかった。生き物の間に炭火のような姿が見え、生き物の間を行き来する松明の姿のようであった。火は輝き、その火から稲妻が出ていた。生き物は、稲妻のひらめきのように、行ったり来たりしていた。（「エゼキエル書」一章）

さらにエゼキエルは、それぞれの生き物の傍らにぐるりに目がたくさんついた車輪めいたもの（車輪に車輪が重なった複合的なものらしい）を見、また、生き物の頭上に水晶のような輝く天蓋のようなものを見、さらにその上空に玉座とそれに座る人のような形（神？）を見る。

13-3の右はこのエゼキエルの幻視に由来するシンボリックな表現で、人、獅子、雄牛、鷲がそれぞれマタイ、マルコ、ルカ、ヨハネの四福音書記者を表す。かようなわけでたとえば聖マルコは獅子で象徴されるので、聖マルコを守護聖人とするヴェネチアの旗には獅子が描かれている。

人間の姿の天使

六世紀（?）のディオニュシオス・アレオパギテースは九階級の天使を論じたが、上から熾天使（英語でseraphim）、智天使（cherubim）ときて、次には神の権威を示す非常に観念的な五階級の天使——座天使（thrones王座）、主天使（dominations支配）、力天使（virtues徳性）、能天使（powers能力）、権天使（principalities権勢）——を置き、最後に大天使（archangels）と（何もつけない）天使（angels）とくる。

途中の五つは観念的なものだから絵には普通描かれない。大天使の地位が意外と低いのは、大天使と天使は人間並みの姿をもっており、直接人間の前に現れたりするからである。13-4は大天使とされるミカエルとガブリエルを描いたものである。ミカエルは神の軍隊の統率者。旧約でも新約でも終末において信者（ユダヤ人であったりキリスト教徒であったりするが）のために戦う。ガブリエルは聖母マリアに懐胎を告げた天使である。また、旧約外典に登場する守護の天使も大天使とされる。

古代において（人間形の）天使の人気は高かったようだ。旧約「創世記」のアブラハムのもとには人間の男性の姿の天使が訪れているし（第3章の三位一体のところで触れた）、ヤコブは天使と相撲をとったり、夢の中で天使が天の梯子（はしご）を上り下りするのを見たりしている。

13-4　大天使

ミカエル（イコンの定型的表現）

ガブリエル（フラ・アンジェリコの受胎告知場面より、15世紀）

信徒のために戦うミカエルの仕事は救世主であるキリストの仕事と被ってしまう。教会としてはあくまでキリストが主であり天使はキリストの使いであることを強調しないではいられなかった。

なお、イスラム教もまた天使概念を受け継ぎ、大天使としては、預言者ムハンマドに啓示を与えたジブリール（＝ガブリエル）、それに次ぐ地位のミーカーイール（＝ミカエル）、巨大なイスラーフィール（名は聖書世界のセラフィムに由来）、さらに死の天使イズラーイールが知られている。13-5はイスラム世界の細密画などに描かれる典型的な天使の姿。王冠のようなものをつけ、着衣で表される。

いずれの一神教でも、神に反抗した天使、堕天使すなわち悪魔の存在が認められている。聖書ではサタンやルシフェル、コーランではシャイターンやイブリースなどと呼ばれている。キリスト教絵画では

13-5　イスラム教の天使

13-6　堕天使とされる悪魔（15世紀）

悪魔はしばしばコウモリの翼、尻尾、角、牙、鉤爪、山羊脚をもつ姿に描かれる（13-6参照）。天使と悪魔の戦いについては、第16章もご覧いただきたい。

様々な姿の天使

13-7　幼児型天使（プットー）と愛神エロース（キューピッド）

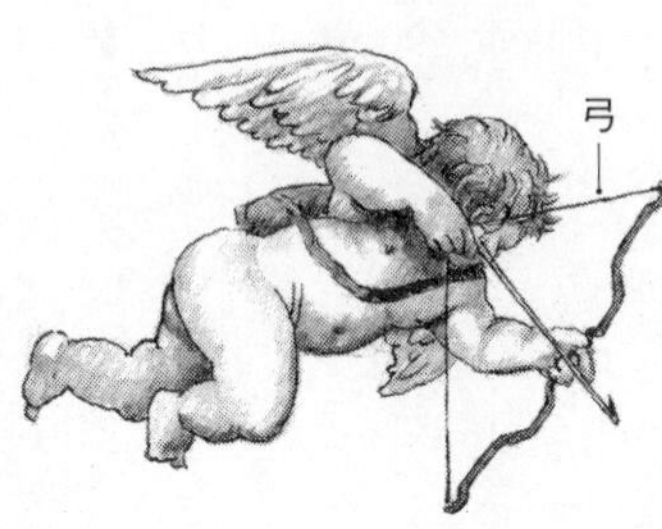

ところで天使の性は男性だろうか、女性だろうか。言語的にはヘブライ語マルアフもギリシア語アンゲロスも男性名詞である。だから視覚的想像力の世界ではもともと男性の姿に描かれた。先ほどみた古代のミカエル像は筋肉がしっかりついているし、ルネサンスのミケランジェロの天使も（画家自身の好みもあって）マッチョな若者である。

しかし、地上を超越した天使は性とは無縁とも考えられる。だから女性寄りに描かれることも多い。ジョットの天使も女性に見えるし、フラ・アンジェリコの受胎告知のガブリエルも女性的だ。天使を赤ん坊のように描くこともある。怪物的なケルビムも赤ん坊の顔に造形されることがあり（英語で cherub といえばかわいい赤ちゃんである）、ルネサンスごろのイタリア絵画ではキューピッドのような赤ん坊を天使として描くようになった。プットー（イタリア語で幼児）と呼ばれている（13-7）。いちおう、恋の矢を射る弓をもっていれば古代神話の愛神で、それがなければキリスト教の天使と考

13-8　ヴァルキュリャ（ヴァイキング時代の小像）

えていい。

天使が有翼になったことには、古代ローマ帝国における有翼の勝利の女神（ウィクトーリア）の影響もあると言われる。ウィクトーリアはギリシア神話のニーケーに相当する。ローマ帝国では皇帝の戦勝が祈願された。古代中東の有翼の精霊像としては、第1章で紹介したゾロアスター教の精霊フラワシの図像がよく知られている。古代北欧には、主神オーディンに仕えるヴァルキュリャと呼ばれる天使的な女性の精霊がいる（13-8）。ただしこの天使は戦場で戦士をピックアップしてオーディンの館に集めるのである。世界の終末（ラグナレク）においては選ばれし戦士は神々とともに巨人と戦い、滅びを迎える。

インド発の仏教にも天界の楽人のようなものが存在し、西域から日本にかけて様々な「飛天」や「天人」「天女」の作例がある。しばしば楽器をもち、諸仏を賛美する。雲に乗っていたり翼があったり羽衣をまとっていたりする。その身分は今一つはっきりしない。一つには、帝釈天（ヒンドゥー教のインドラ神）のお使いを引き受けている乾闥婆（ガンダルヴァ）や緊那羅（キンナラ）といった音楽をもって諸仏を賛美する精霊がいる（乾闥婆は楽隊、緊那羅はコーラス）。他に摩睺羅迦（マホーラガ）、歌天、楽天といった相互によく似た楽人も密教

13-9　天界の音楽隊

ガウデンツィオ・フェラーリ（16世紀）

平等院鳳凰堂の雲中供養菩薩像（11世紀）

の曼荼羅などに登場する。阿弥陀如来をあたかも一神教の唯一神のように拝む浄土信仰では、阿弥陀の来迎図の中に一神教の天使に似た地位の菩薩たちを描き入れる。彼ら（彼女ら）は楽器をもっているので、やはり天使の楽隊に似て見える（13-9）。

なお、聖櫃を守るケルビムに近い門番的天使としては、寺院の仁王や神社の狛犬、また

13-10　仁王の阿吽像

稲荷神のお使いの狐が指摘できるだろう。これらはいずれも対にして造形され、仁王や狛犬は左右のそれぞれが「阿」（口を開いて発する音、万物の始まりを象徴）と「吽」（口を閉じて発する音、万物の極みを象徴）を表すとされることが多い（13-10）。「阿吽の呼吸」の阿吽だが、これは第1章で触れたヒンドゥー教のAUMに相当する。ちなみに仁王の起源は、ブッダのボディーガードを務める夜叉（鬼神）である。ガンダーラ美術でギリシア彫刻の英雄ヘラクレスの姿を借りて造形され、やがて金剛力士＝仁王として定着した。

PART IV
儀礼と修行の可視化

ジョン・バニヤン『天路歴程』
木版挿画、作者不詳、17世紀）

第14章　求道の階梯――十牛図と天路歴程

Ⅲ部までは諸宗教の神々や天使、開祖や聖人たちの図像を眺め、その特徴を整理してきた。Ⅳ部からは視点を変えて、諸宗教の世界観を表す大道具・小道具・演出法を眺めていく。本章では、信者が宗教的世界観を身につけるプロセスを教育的に描いた図像を検討することにしよう。

⑤牧牛

⑩入鄽垂手

禅の十牛図（じゅうぎゅうず）

禅宗には、一人の求道者が悟りを求めてから悟りをものにするまでの流れを、若者が牛を捕まえるプロセスに擬して描いた十枚セットの図葉がある。十牛図と呼ばれる（14-1）。

14-1　十牛図（伝周文筆、15世紀）

①尋牛　②見跡　③見牛　④得牛

⑥騎牛帰家　⑦忘牛存人　⑧人牛倶忘　⑨返本還源

各図にタイトルがついている。

①尋牛（じんぎゅう）は、若者が牛を求めてきょろきょろしているところを描く。牛は禅が目標としている「真実の自己」を象徴するものだろう。人生の迷いにぶつかりやすい青年期は、多くの者が宗教に「目覚める」時期でもある。

②見跡（けんせき）は、牛の足跡を見つけたところ。禅の建前として、宗教的真理は頭で考えて得られるものではない。だから教典などの字面を追っているだけでは駄目だ。教典はインクの染みの集積であり、牛の足跡みたいなものなのだ。

③見牛（けんぎゅう）。若者はようやく牛のお尻を見かける。「まあ坐ってみたまえ」と先輩から坐禅を勧められ、おそるおそるトライして、何らかのヒントが得られたというところだろうか。

④得牛（とくぎゅう）では、若者は牛をなんとか捕まえよう

と苦労している。悟ったかなとは思うものの、なんだかよく分からないという段階であるらしい。

⑤牧牛。牛を手なずけることに成功。いちおう悟りが身についたということのようだ。しかし手綱を放すわけにはいかない。けっこう緊張している。

⑥騎牛帰家は、そうした堅苦しさが取れたところ。若者はフルートなんぞ吹いてオツな構えである。悟りを自らのものにしてホームベースに戻ったというわけだ。

⑦忘牛存人（牛を忘れて人だけが存る）からは牛が登場しない。ここから先は象徴がメタな（超越的な）ものに移行する。悟りを牛で譬えていたはずなのに、本当に身についた悟りは悟りを超えたものだということから、牛の姿が消失するのだ。

残りの三図葉は、悟りの境地を三つのフェーズに分けて描いたものだろう。神の三位一体にも似た発想だが、禅学者の上田閑照の言葉を借りれば、三つの境位の「相即相入」の関係を表している（上田閑照・柳田聖山『十牛図』）。

まず⑧人牛倶忘（人も牛もともに忘れる）では、自我意識が絶対の無と化したことが円相で示される（円相については第2章を参照）。

次の⑨返本還源（本に返り、源に還る）では、無の意識に立ちながら当たり前の現実を受容している。自然の風景を描いたのは花鳥風月を礼賛したものではなく、心がそのまま自然であるということだ。

最後の⑩入鄽垂手（にってんすいしゅ）（鄽（みせ）に入って手を垂れる）は、悟った境地のまま社会の中で暮らすところである。鄽に入るとは社会に赴くこと。手を垂れるとは教示することで、つまり次世代への伝道である。かつてのひ弱そうな求道青年が布袋さんみたいな体形になっている。

14-2　香厳撃竹図（部分、狩野元信、16世紀）

十牛図は師匠のもとで坐禅を修行する者の精神トリップを象徴的に描いたものだ。俗世の職業生活を送りながら宗教を極めようといったニュアンスのものではない。ここにある社会性は唯一、十枚目の絵で次世代に伝道していることだけである。こうした内向性は次で見る『天路歴程』の巡礼の外向的なビジョンとは大きく異なる。

なお、悟りそれ自体の何たるかは絵に描けないという根本的な限界のため、禅画は一般的に謎めいた雰囲気に満ちている。たとえば14-2の「香厳撃（きょうげんげき）竹（ちく）図」は香厳という求道者が庭を掃いていて、はじけた石が竹に当たって発した音を聞いて「悟った」ところを描いたものだが、そういった説明抜きで眺めると、ただの庭掃除の絵にしか見えない（それでも、悟りが奇跡の目撃や超常体験のようなものではないということだけは分かる）。

信仰の階梯――『天路歴程』

キリスト教の世界で「修行」のプロセスを描写したものとしては、一七世紀の初版以来ベストセラーであり続けているジョン・バニヤンの『天路歴程』――原題 *The Pilgrim's Progress*（巡礼者の道行き）――が重要だろう。Ⅳ部の扉（一三五ページ）に掲げたのは『天路歴程』の第五版以降添えられるようになった作者未詳の木版画の一葉である。なんとも拙い絵だが、なにせこれは世俗の虚栄に背を向けるための導きの書なのだから、本格的挿画よりも下手糞なくらいな絵が内容的にふさわしいと言えるだろう。岩波文庫版の翻訳者竹友藻風と、竹友がそこで紹介しているチャールズ・ラムもそのように考えている。

この絵に描かれているのは、俗世に恐怖を感じた主人公クリスチャン氏が導き手であるエヴァンジェリスト（福音伝道者）氏に出会うところである。だからクリスチャン氏は十牛図の①できょろきょろ迷いながら牛を探している若者に相当するわけで、エヴァンジェリスト氏のほうは⑩で鄽に入って手を垂れる布袋さんに相当するわけだ。ただし十牛図では布袋さ

14-3　ジョン・バニヤン『天路歴程』添付地図（18世紀）

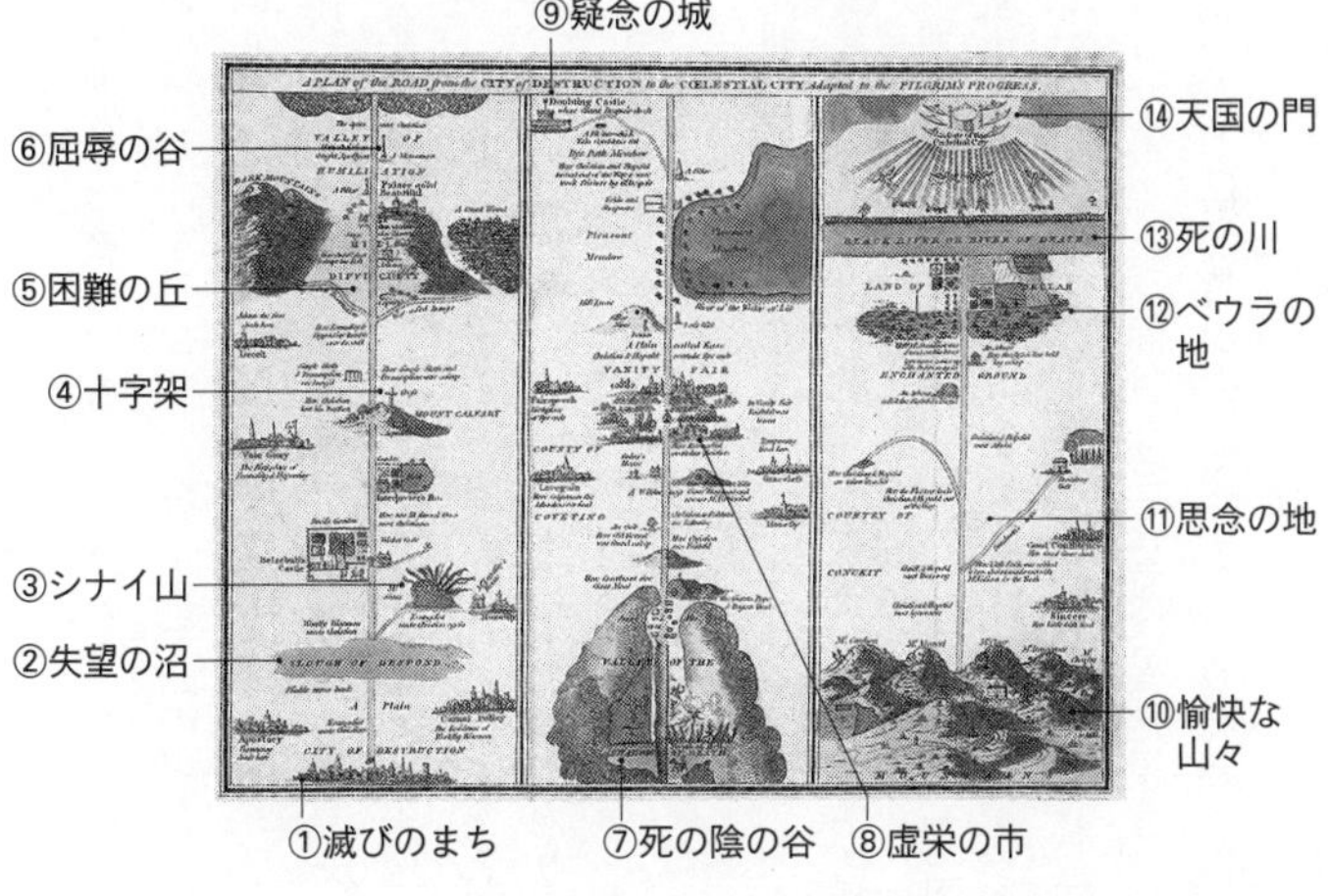

んは尋牛の若者の将来の姿なのであり、求道者と伝道者の関係が輪廻のように循環している。それに対して『天路歴程』のエヴァ氏は一方的な送り手であり、クリ氏は送り出されて天国に消えていく。仏教の世界観が円環的であり、キリスト教の世界観は一方向的な未来志向だということが、こんなあたりに表れている。

14-3は後期の『天路歴程』に添えられた地図である。左下を「ふりだし」にして右上を「上がり」とする「すごろく」のようになっている（中央を上がりとする渦巻き型の地図もあるようだ）。巡礼者クリスチャン氏の人生の道行きを追ってみよう。

①「滅びのまち」に住んでいたクリスチャン氏が、人生の「重荷」に悩むあまり家族を

捨てて巡礼の旅に出る。「滅びのまち」とは俗世のことだが、俗世は最初から悪と絶望と神の断罪の刻印を帯びている。十牛図の場合、世界そのものに悪の気配はない。あくまで主人公の心の迷いだけが問題となっていた。

伝道者エヴァンジェリスト氏は遠くに見える光――天国の門から発せられる光――を目指して歩めと勧める。だが②でさっそく「失望の沼」に足を取られるなど、幸先が悪い。クリスチャン氏はこの先様々な人と出会うことになる。一部は善意の信仰者だが、多くは世間知、不信、惰弱、異教、迷信に染まった者であり、主人公を挫折や転落へと誘い込もうとする。こうした人間不信の世界観は一方ではカルトの世界観によく似ており、他方では他者を蹴落として人生の勝者となることを目指すアメリカン・ドリームや新自由主義流サバイバルゲームの世界観によく似ている。

先に進もう。旧約的律法主義の拠点である③のシナイ山は転落スポットである。その逆が④の十字架で、クリスチャン氏の背負う重荷がここで消えてなくなる。つまり旧約（律法）は救いに非ず、救いは新約（十字架）にのみあるというわけだ。このあと、⑤困難の丘、⑥屈辱の谷、⑦地獄の見える死の陰の谷と試練が続き、⑧虚栄の市という軽薄な浮世の象徴のような町で生真面目な巡礼者は異端視され、ついに裁判にかけられる。そして旅の友であった一人の信仰者が火あぶりになる。恐ろしい話だが、この殉教者はじかに天国に迎えられるらしい。

次は⑨疑念の城、⑩愉快な山々と明暗が交錯し、⑪思念の地では無神論者などに出会う（信仰は思念ではないのだ）。上がりの寸前は⑫ベウラの地である（エルサレムを意味する）。地上で最も天国に近いところだ。クリスチャン氏は⑬一種の三途の川である死の川を渡って、⑭天国の門にたどりつく。

14-4　J. R. R. トールキン『指輪物語』における主人公フロドの旅

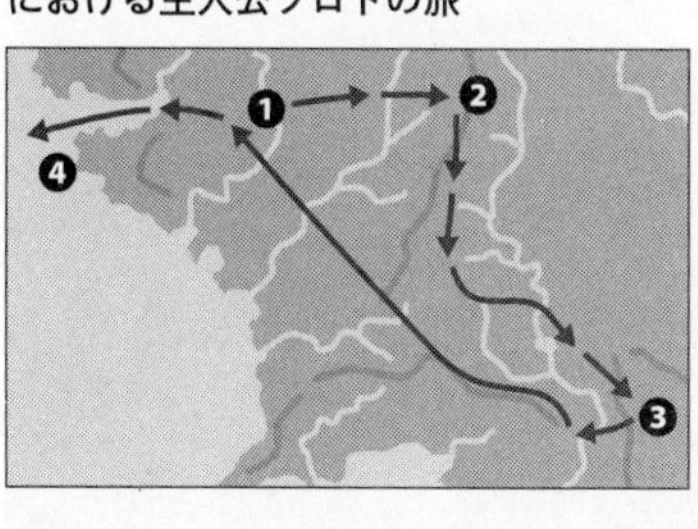

『天路歴程』の生き残りゲーム型の構造は、近現代の教育的な児童文学にそのまま受け継がれた。『指輪物語』のフロド、『ナルニア国物語』のペヴェンシー兄妹ら、『ハリー・ポッター』のハリーはファンタジー版のクリスチャン氏だ。スピルバーグのUFO映画、『未知との遭遇』も『天路歴程』型である（主人公が家族や政府の妨害にもかかわらずUFOを見たという信念を貫き、最後には宇宙人とともに天界へ旅立つ。熱狂的プロテスタントのいるアメリカがUFO信仰においても熱狂的であるのは偶然ではない）。

14-4は『指輪物語』のフロドの道行きを簡略に示した地図である。①のホビット庄を旅立ったフロドは②のエルロンドの屋敷あたりで使命を自覚し、様々な苦難を潜り抜けて③のモル

14-5　ダンテと『神曲』（ドメニコ・ディ・ミケリーノ、15世紀）

ドールで諸悪の根源である誘惑の指輪（一の指輪）を破壊し、のちにこの大陸の世俗の生活に耐えられなくなって、④からエルフの待つ新大陸に向かって船出する。

14-5は『天路歴程』に先立つ中世の作品である『神曲』の世界観とその作者ダンテを描いた絵である。『天路歴程』が前提とするプロテスタンティズムによれば、人生という試練の場の最終的な結論は天国行きでないとしたら地獄の滅びであるが、『神曲』が描くカトリックの世界観ではもう一つ可能性があり、それが煉獄だ。絵の背景にそびえたつのが南半球にあるという煉獄山である（七つの大罪——傲慢、嫉妬、憤怒、怠惰、貪欲、暴食、淫乱——に応じて七つの段階がある）。人生の巡礼的な道行きは死後も続き、地獄行きを免れた死者の多くは煉獄において浄化の火を潜って——一種の修行だ——身をきれいにしてから最終的に天国に行く。プロテスタントよりサバイバルゲームが峻烈ではない。

ちなみに、カトリック文化圏に属するフランス人サン＝テグジュペリの有名な『星の王子さま』もまた、一種の求道の物語である（随所にキリスト教的隠喩が満ちている）。王子さまは七つの小惑星をめぐるが、これは『神曲』における煉獄山の七階層ならびに七惑星天（十神の近くの三つの天）の旅に相当すると考えられるだろう。ここには愚かな大人の寓意として①高慢でコケティッシュな薔薇、②権威に固執する王様、③うぬぼれ男、④酒に逃げる自己嫌悪男、⑤星の数でも何でもビジネスの手段にしてしまう男、⑥時代遅れの規則を守るガス灯の点灯夫、⑦世の中を知らない地理学者が出てくる。これらはいわば現代版七つの大罪であり、この罪を学ぶことで王子さまのグランドツアー（学業の仕上げの修養旅行）は最終段階の地球に達し、最後に開眼した王子さまは愛のための「死」を潜り抜けて天界に帰っていく。王子の帰還と同時に語り手の飛行機のエンジン（＝魂）が故障を脱し、砂漠での試練が終わる。

第15章　大宇宙と小宇宙の照応――曼荼羅、キリスト、カバラー

供犠、祈り、瞑想

一神教の論理によれば、神が自らのイメージに従って人間を造った。他方、歴史的に見るならば、先史時代のいつかの時点で人間が神（神々）のイメージを生み出したことは間違いない。神が先か人間が先かはどうしても水掛け論になるが、いずれにせよ神々と人間は照応あるいは鏡像の関係にある。

古代の人間は神々に熱心に犠牲獣を捧げた（供犠（くぎ））。王に年貢を捧げるがごとくに、天上の王族である神々に生贄を捧げたのである。これには神の歓心を買うという意味合いも、神への感謝という意味合いも、神にそむいた罪に対する償いという意味合いもあった。

生贄は人間である場合もあった。人身御供（ひとみごくう）だ。これを極端に頻繁に行なったのがアステカの例だ。スペイン人が新大陸にやってきたころ、彼らは年中行事のようにして多数の人間の

15-1　生贄と供犠

山羊の供犠（16世紀、イタリア）

アステカの人身御供（16世紀、マリャベキアーノ写本）

イサクの供犠（ヒューストン監督『天地創造』のシーン）

生贄を神に捧げていたのである（太陽神が衰えることを恐れていたと言われる）。旧大陸でも昔は人身御供の習慣があったことが各地の神話から分かる。旧約聖書のアブラハムが神ヤハウェの命によって息子イサクを生贄にしようとした話は有名だ（創世記第二二章）。ただしこの場合、神はアブラハムの信仰の強さを試しただけであり、人身御供は中止となっている（15-1）。

動物犠牲をやめて、穀物や花などによる供養だけになっている社会もある（今日の日本人は先祖の霊前に花は飾るが動物の頭を捧げることはない）。キリストの犠牲には動物犠牲のイメージが残存しているが、キリストを記念する行事（聖餐式あるいはミサ）では肉と血ではなくパンと

15-2　礼拝、祈り、瞑想

イスラム教のサラート

キリスト教のオランス

読経

坐禅

ワインを共食する。やはり草食化している。
さらに一般的なのは、神に対して有形の動植物ではなく、無形の祈りを捧げる行為だ（15－2）。イスラム教では——一部の行事に動物犠牲の習慣が残っているが——日に五回の礼拝（サラート）が宗教行事の基本である。キリスト教では「天にましま す我らの父よ」と祈りを捧げる。祈り方は様々で、時代によっても異なる。最も古いのは両手を開いて立って神に面するオランスという祈り方だ。片方の膝をついて両指を組んで祈るのは中世の騎士道時代からであるらしい。仏教でも手を合わせたり数珠をすり合わせたりして諸仏に祈る。その際、読経したり呪文のようなマントラ（真言）を唱えたり念仏を唱えたりする。
仏教の場合、尊像に祈ることは、瞑想の中で尊像のイメージを思い浮かべる修行と連動している。修行の大先輩である諸仏諸菩薩は心の中の存在でもある。さらにこの瞑想修行は無念無想を目指すこともある（坐禅がそれだ）。この場合、あくまで修行者自身が悟ることが目標であり、礼拝対象としてのブッダや菩薩が本当に存在しているかどうかはほとんど問題とされない。

以上、動物の生贄、穀類や花の供養、祈りや礼拝、心に仏を念ずる瞑想、ひたすら悟りを目指す坐禅とイメージトリップをしてみたが、最も物質的な行為から最も精神的な行為まで、一続きのグラデーション、あるいはスペクトラムをなしていることが分かる。

ヒンドゥー教には、こうした供犠から瞑想までのスペクトラムをよく表現した神話がある。ヴェーダ聖典中のある書はこう説く。神は一千年も続く長い供犠をどんどん省略して、火の神に牛乳を捧げるアグニホートラという簡便な儀礼にしてしまった。さらに、賢者はそれさえも「内面的」なものに替える——そのようにヴェーダは告げる。奥義に通じた賢者であれば、単に呼吸をするだけでも、長い長い祭儀と同じだけの効果に浴するというのだ（服部正明『古代インドの神秘思想』）。

密教と曼荼羅（まんだら）

インドで発展した仏教の最終的な形は密教であった。これは人間と神的対象（ここではブ

15-3　請雨経曼荼羅（東寺、13世紀）

ッダ、如来）との、イメージの中での照応関係が最大限に活用される。つまり修行者がイメージの中で大日如来などの尊像を構築し、ブッダと自らが一致することを目指すのである。この場合のブッダは宇宙全体の本質のような存在であり、小宇宙（ミクロコスモス）である人間と大宇宙（マクロコスモス）であるブッダとを一致させてしまうことを端的に即身成仏と呼ぶ。

荒唐無稽のように思えるが、これがナンセンスだとすれば、そもそも誰も見たことのない神に祈るとか供養するとかいう行為にしたところで人間の自己満足には違いないのだ。ひとたび宗教の祈りや儀礼のロジックを認めるならば、人間を即時に仏に変えてしまおうという密教のロジックも退けるわけにはいかないのである。

チベットの密教にも日本の密教（真言宗と天台宗）にも、曼荼羅と呼ばれる諸仏諸菩薩の一覧図のようなものが伝わっている。これは本来であれば修行者が瞑想の中でイメージ構築する仏たちをあらかじめ絵に描いたものである。修行の目的に応じて、また時代時代の発展の結果として、たくさんの種類が生まれている。とくに種類が多いのはチベットだ。

15-4　両界曼荼羅（東寺西院本曼荼羅、９世紀）

金剛界曼荼羅

観音　大日如来　金剛薩埵

胎蔵（界）曼荼羅

曼荼羅を図像的特色から簡単に説明しよう。

①最も原始的なのは、15-3の請雨経曼荼羅のようなシンプルな三尊形式の図である。曼荼羅はこんな感じで祭壇に並べた仏像のセットに起源するということだ。描かれた仏のパワーにあやかることで、雨乞いのような呪術が可能になるとされる。

②祭壇画式の図像が複雑化すると、最終的に日本の胎蔵曼荼羅（胎蔵界曼荼羅）のようなものとなる（15-4の右側）。胎蔵曼荼羅には無数の如来、菩薩、明王、天が描き込まれているが、基本の原理は三尊形式である。中央に如来が描かれ、向かって右に金剛薩埵系の菩薩の一群が、向かって左に観音系の菩薩の一群が描かれるのが基本である。これにさらに第3章で取り上げた三重の構造が重なってかなり複雑な構成となっている。

③次に、構成原理をすっかり改めて、中央の尊像を

上下左右の尊像が取り囲む四方対称形にしたものが金剛界曼荼羅である。15－4の左側は日本の金剛界曼荼羅だが、これは同種の原理でできた小型の金剛界曼荼羅をさらに九つ組み合わせて出来上がった拡大バージョンだ。

チベットでは四方対称形の曼荼羅を無数に増殖させているが、日本にはそうした後期の展開は伝わっていない。日本では胎蔵曼荼羅と金剛界曼荼羅を「両界曼荼羅」としてセットで奉戴する。そのようになったのは中国においてであるようだ（なお空海が密教と曼荼羅を日本に伝授して以後、中国本土では密教は廃れた）。

たいへん多様に発展しているが、これらの曼荼羅を用いる密教がいったい何を目指しているのかというと、一つには修行者が本来の悟りを得ること、もう一つは修行者が仏たちの力を借りることで雨乞いから病魔退散まで、招福除災の一切を行なう呪術――加持祈禱――を可能にすることであるという。

キリストの曼荼羅？

キリスト教など一神教にも神秘主義と呼ばれる伝統があり、これが仏教の密教に当たるとされる。一神教の場合、人間と神をストレートに「一致」させるのは理念上避けられるが、それでも修道者は神をじかに直観するところまで行こうと努める。

キリスト教の神学では、人間でありかつ神であるキリストこそが、人間と神の媒介者である。ここから派生して、キリストが小宇宙（人間の体）と大宇宙（世界全体）との一致を体現しているという密教的な捉え方も出現した。たとえば中世には15-5のような世界地図において、最上部にキリストの顔、左右の端にキリストの手、最下部にキリストの足を描いていることがある。キリストの体の中に大宇宙が包含されているのだ（中世の地図では東を上とし、世界の中央にエルサレムがあるとしている。したがって地図の上半分はアジア、下半分のうち左〔北〕がヨーロッパ、右〔南〕がアフリカという描き方となる。地中海と黒海や紅海が地域の境界線をなし、海の形からTOマップなどと呼ばれる）。

15-5　中世の世界地図とキリスト

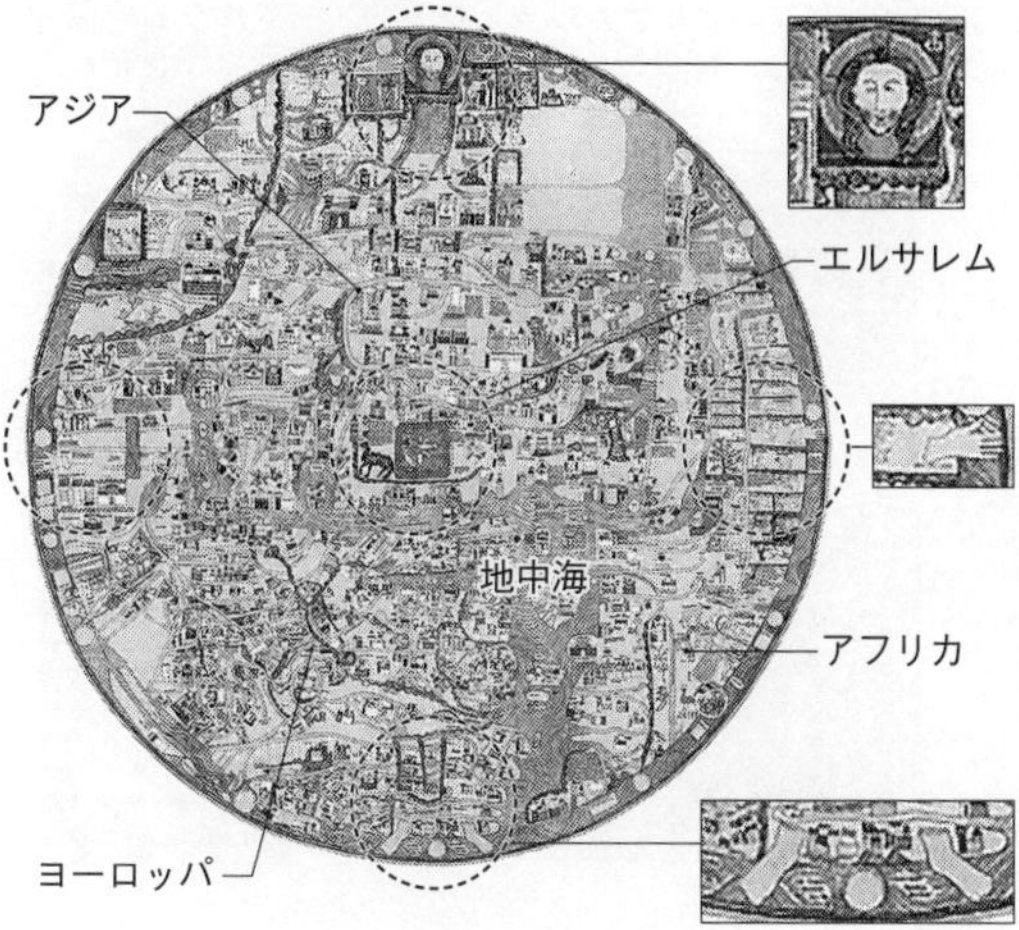

　なお、キリスト教では伝統的に信者の集合体としての教会を「キリストの体」と称する。

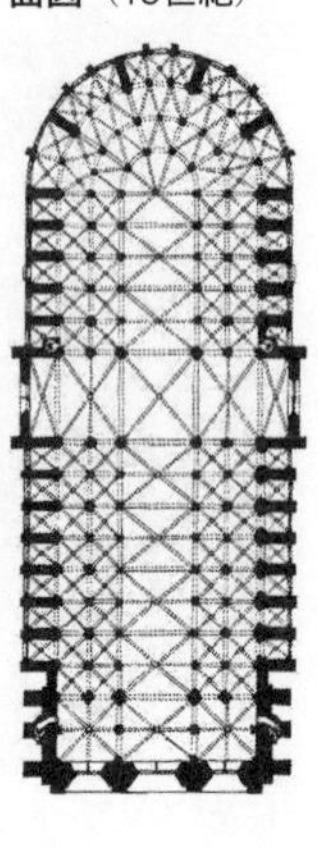

15-6　パリのノートルダム寺院平面図（13世紀）

15-7　世界と対応する人間（ビンゲンのヒルデガルト『神の業の書』、12世紀）

建物としての教会堂もまた、キリストが張り付けられた十字架を下敷きにしたような平面となることが多い（たとえば15-6のパリ・ノートルダム寺院）。

15-7はビンゲンのヒルデガルトと呼ばれる中世の女性神秘主義者の著作に添えられた、彼女自身が見たという幻像の図葉である。描かれた男性はキリストではないようだが、一人の人間がそのまま宇宙全体を代理表象する存在となっている。ヒルデガルトは他にもキリストと天使が合体したような姿も幻視している。天使、キリスト、人、宇宙と、なにせビジョンの中で色々な形象を重ねることが得意だったのである。

神と人間を接近させる神秘主義の系譜にあるものとして、最後に中世ユダヤ形而上学のカバラーの図像を紹介しよう。カバラーは多様な内容を含むが、今日よく知られているのはカバリストが描くセフィロート樹形図である。これは神の本質が十のセフィラー（複数形セフィロート）という「受け皿」を通過して現象界・人間界に流出していく様子を図示した曼荼羅状の図像だ。

15-8は奇矯な博物学的知識で知られる一七世紀ドイツのイエズス会士アタナシウス・キルヒャーの著作に添付されたセフィロート図である。カバラーはユダヤ教本来のものよりも、近代キリスト教世界の占い師のあいだに伝わったものがよく知られており、キルヒャーの図もポップカルチャーがよく引用するものだ（たとえば日本アニメの『新世紀エヴァンゲリオン』）。

15-8　カバラー：セフィロートの樹（アタナシウス・キルヒャー『エジプトのオイディプス』より、17世紀）

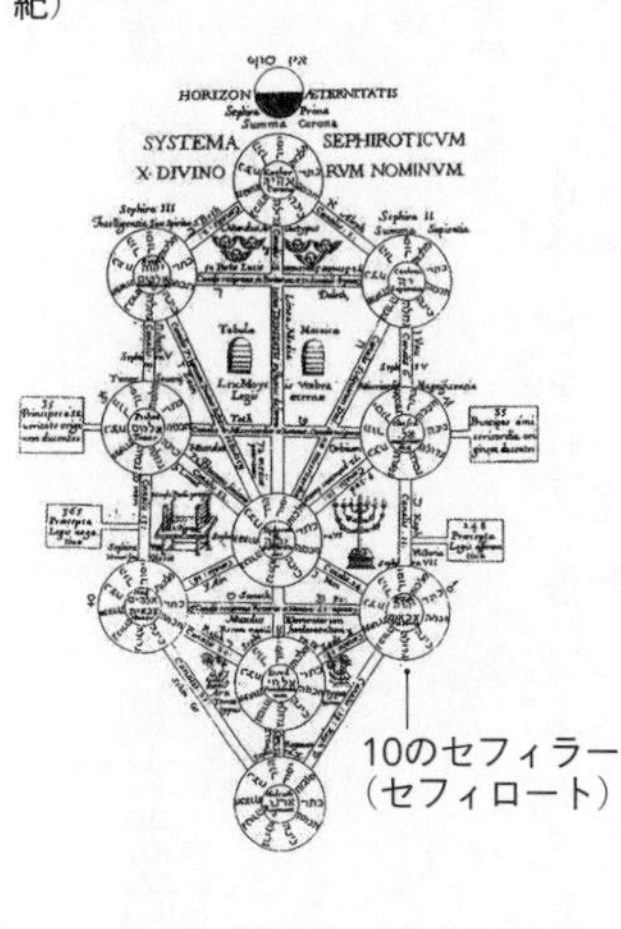

そもそも現代の精神世界（ニューエイジ）文化で重宝される占星術などの占いは、星の動きや引いたカードの図柄などで大宇宙の運命的な動きを知るという密教的な大宇宙・小宇宙照応のロジックをもっている。セフィロート図もそのためのツールと化している。

というわけで、供犠、祈り、瞑想と続くスペクトラムの一端には密教的な呪術や占いの実践がくるわけである。

第16章　戦いか和合か——神と悪魔、陰陽、錬金術

神・天使と悪魔

信者や修行者は「悪を避け、善に与する」ように導かれる。法句経（ダンマパダ）にも「諸悪莫作、衆善奉行、自浄其意、是諸仏教（諸々の悪をなさず、諸々の善を行ない、自らの心を浄める。これが諸仏の教えである）」と言う。この点では仏教など東洋の諸宗教も西洋の一神教も同じである。

表象の世界では善は神仏に、悪は悪魔や鬼に振り分けられるが、この対立は伝統によってはそれほど峻厳なものではない。善人にも隠された悪があり、悪人にも人知れぬ善意があるように、神霊たちの善悪の状態もそう簡単には二分割できないと考える伝統は多い。

たとえばヒンドゥー教にはデーヴァ（天）とアスラ（阿修羅）という二種の神的存在がある。デーヴァは神、アスラは魔物のような低級の鬼神だ。しかしアスラは一神教でいうとこ

16-1　乳海を攪拌するアスラ（左）**とデーヴァ**（右）（12世紀、アンコールワット、カンボジア）

ろの悪魔というわけではない。たとえば16－1に示したアンコールワットの浮彫では、デーヴァとアスラがいっしょに綱引きのようなことをしている。乳海攪拌（にゅうかいかくはん）と呼ばれる神話で、山を攪拌棒に見立て、それに長い竜を綱のように巻いて、山の両側から引き合って山を回転させ、ミルクに見立てられた海から太陽、月、不老長寿の妙薬（アムリタ）など善きものを生み出すという、一種の天地創造物語である。協力すべきときには神も魔神も協力するのだ（ただしアスラは結局妙薬を盗もうとして神と一戦交えることになるのだが）。

インド神話と部分的に起源を同じくするペルシアの伝統では、ザラスシュトラ（ゾロアスター）という神官が多神教の神々を整理統合して、善神アフラ・マズダーと破壊霊すなわち悪魔アンラ・マンユの二元的対立の図式を生み出した（ゾロアスター教

16-2　アルス・モリエンディ（マイスターE・S、15世紀）

の起源である）。アフラ・マズダーのアフラは語源的にはインドのアスラと同じだが、意味合いは逆転して、こちらが善神となっている。しかも善悪の対立が峻厳なものとなっている。

　この善悪二元論は西方の聖書世界・コーラン世界に影響を与えた。今日、ユダヤ教、キリスト教、イスラム教のいずれもが神ないし天使と悪魔とを「二元論」的に対立させるのはゾロアスター教の影響かとも言われる。

16-2は中世の黒死病時代に流行したアルス・モリエンディ（往生術）、すなわち死ぬときの心構えを記した修養本に添えられた数枚一組の版画の一葉である。死者のベッドの周りに守護天使やら悪魔やらが群がっているが、十字架の登場によって善の勢力が勝ったようで、赤子のような死者の魂が天界へと引き上げられようとしている。

　天使と悪魔の善悪二元論は寓話的には分かりやすいが、神学にとっては不都合なところがある。というのは、悪魔を生み出して泳がせているのもまた神の御心ということになれば、神の善意が疑わしくなるし、神と悪魔が互角で張り合っているのならばそれは一神教ではなく「二神教」だということになるからだ。

陰と陽

善悪の対立を究極の原理としない伝統もある。たとえば中国の易の伝統では、陽と陰の二元論で物事を説明する。これは善悪ないし天使と悪魔の二元論とは少し様子が違う。むしろ電気のプラスとマイナス、人間の行動の能動性と受動性、積極性と消極性、男と女の性差、社会における公と私といった対立に似た、あるいはそれら相補的な二関係をすべて包含したような、独自的な相補的二元論である。

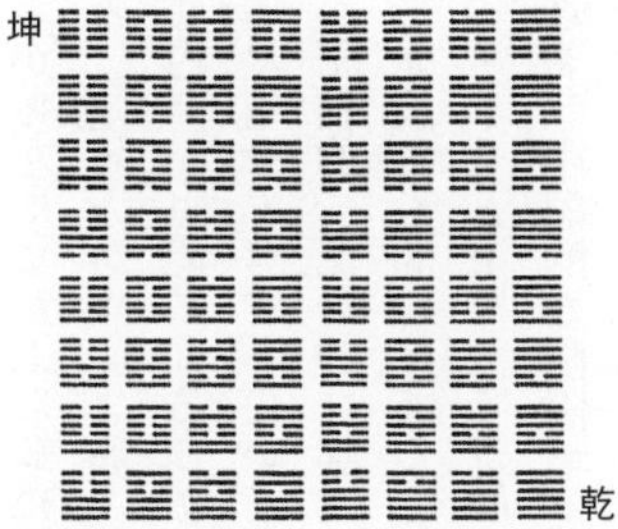

16‐3は易で用いる六四の卦を示したものだ。陽を一本の線で、陰を断裂した線で表現するが、この二つだけで人生万般を表現するのではなく、この「陽か陰か」の二項対立を六回重ねて一つの「卦」となし、二×二×二×二×二×二＝六四通りの卦で表現する。図の右下隅の六本とも陽の卦が「乾」と呼ばれ、

16‐3　六四の卦

坤

乾

そこから左にまた上に順に転変していって最後にくる左上の六本とも陰の卦が「坤（こん）」と呼ばれる。筮竹（ぜいちく）とかコイントスとかを用いて卦を作り、それで人生を占うわけだが、なぜそのような占いが可能になるのかは、もちろん科学的に説明がつくものではない。前章で見た密教や占星術やタロット占いと同じである。ともあれ注目してほしいのは、中国で生まれた世界観が相補的で流動的な陰陽の二元論だったということだ。もっとも、善悪二元論と同様、陰陽二元論にも問題はある。何が陽で何が陰かはかなり恣意的に決められており、しかも男女のイメージと重なって奇妙なセクシズムを構成している。

なお、中国的な陰陽のロジックは、『古事記』における二柱の男女神、イザナキとイザナミのイメージにも影響を与えているかもしれない。女神イザナミは大地を生んだのちに冥界（黄泉）の女神となり、イザナミと別れたのちのイザナキは高天原（たかまのはら）系の神々を単性生殖で生み出す。片方は祖霊の世界と結びつき、片方は大和朝廷の政治と結びつく。

中国の影響がどこまであるのかは分からないが、日本列島では女が巫女として霊界通信を担い、男が政治方面を担うというロジックが伝統的に根強い。魏志倭人伝の卑弥呼と政治的補佐の弟がそのような関係にあったように思われるし、琉球のように男の国王の政治を女性親族のシャマン（ノロ）が霊的に補佐するという例もある。幕末・明治以降の新宗教でもしばしば女性霊能者と男性組織者が二人三脚で教団を運営している。大ヒットのアニメでさえ、たとえばポニョと宗介（『崖の上のポニョ』）、三葉と瀧（『君の名は。』）、陽菜と帆高（『天気の子』）、禰豆子と炭治郎（『鬼滅の刃』）に、同様の設定が生きているようだ（いずれの場合も女性が原始の生命、巫女、竜神の生贄、鬼であり、男性が世俗の側に立っている）。

男神と女神

再びインドに目を転ずると、こちらの伝統では男と女の二項対立が別の形で止揚されていることが分かる。信仰を集めているのはヴィシュヌ神とシヴァ神だが、どちらも男神である。それぞれに配偶神がいて、ヴィシュヌの妃は幸運の女神ラクシュミー（仏教の吉祥天に当たる）である。乳海攪拌のとき、デーヴァとアスラの攪拌を指揮したのがヴィシュヌで、攪拌された海から出現したシュリー女神（ラクシュミー）を妃にした。シヴァの妻はヒマラヤの山の女神であるパールヴァティーと、魔王を殺す神話をもつドゥルガーとされる。ドゥルガーには魔女の色彩が濃いが、ドゥルガーがさらに魔的になるとカーリー女神と呼ばれる。神話では戦いを制したカーリーが狂乱の舞を始めると、犠牲精神の体現者であるシヴァは大地に横になって踏みつけられることで舞いの衝撃を吸収したという（16-4）。シヴァとカーリーは性的に結合した姿でも造形される。ここに挙げた絵では、シヴァの男根が勃起している。

16-4　シヴァとカーリー（19世紀、インド）

16-5　リンガムとヨーニ

儒教化された中国では性を露骨に表現することはタブーであるが、インドではこのように神々の図像にははっきりと性が描かれる。男神の配偶神は夫の呪術的パワーを象徴する存在である。この神秘の力をシャクティ（性力）と呼ぶ。

なお、シヴァ神はリンガムという棒のような形で表象されることも多い。起源的には男根であるようだ。これが水盤状のヨーニ（起源的には女陰を表象する）の上に立った形で造形される（16－5）。神学的にはこれは性的シンボルや性的呪術の具ではなく、あくまで神とそのシャクティという霊的な表象であるとされる。

通常の性を超越する性的シンボリズムはチベット密教にもある。チベットで制作された後期の曼荼羅の中央（日本の曼荼羅ならば大日如来が描かれるところ）には、男女の仏が交合しているところが描かれる。ヤブユム（男女合体尊）と呼ばれる。16－6はチャクラサンヴァラ（勝楽尊）という名の合体尊である。勝楽尊の他にも、秘密集会、呼金剛、時輪仏といった合体尊がある。

16-6　チャクラサンヴァラ（15世紀、チベット）

煩悩を制する瞑想から始まった仏教がなぜこのようなシンボリズムを抱え込むようになったのかというと、それはセックスこそが悟りの対極にある原理であるからだ。神が制するべき最大の対象が悪魔であるように、悟りが取り組むべき最大のイシューがセックスなのである。そんなわけで、性的シンボリズムを用いる修行も、あくまで悟りが性をコントロールする。死すれすれの危険な巡礼行の中で行なわれ、俗

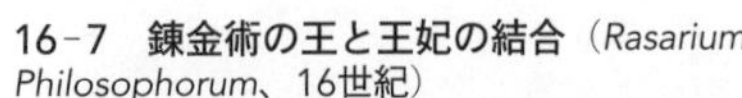

16-7　錬金術の王と王妃の結合（*Rasarium Philosophorum*、16世紀）

人が夢想するような卑猥な要素などまるでないのだそうである（正木晃『マンダラとは何か』）。

密教の曼荼羅や道教の行法に多大なヒントを得たことで知られる分析心理学者C・G・ユングの『心理学と錬金術』には、西洋中世の錬金術関連の文献に挿入されたたくさんの「密教」的な図像が収められている。16-7はその一つで、錬金術的象徴としての王と王妃の結合を描いたものだ。錬金術とは金を造る――さらに不老不死を得る――ための呪術（疑似科学）であるが、幾世紀にもわたってこのような不毛な努力を続けることができたのは、錬金術師たちが夢想的ビジョンの中にいたため、つまり錬金術そのものが宗教のようになっていたためらしい。ちょうど伝統工芸の職人が身を浄めてから作業に当たるように、化学的操作に精神的・倫理的な意味合いが重ねられていたのだそうだ。

西洋の異端的伝統において男女二元論的な和合のシンボリズムが生きていたのは興味深い。洋の東西を問わず、似たような発想が繰り返し出現するもののようである。

第17章　聖なる文字──漢字、イスラム書道、聖典、霊符

文字は言葉を書き留める道具である。言葉が聖なる文言であれば、文字や文字を乗せた教典も聖なるオーラを発揮することになるだろう。さらに、文字の図形そのものが聖性を帯びたものと見立てることもできる。宗教の礼拝や儀礼の場において、文字で書かれた教典や護符、霊符、呪符を「拝する」シーンは多い。

古代の象形文字

漢字は甲骨文字の子孫である。古代の中国、殷（いん）代において、シャマンは亀の甲羅や牛の骨に穴を穿（うが）ち、そこに熱した金属棒を差し込んで、熱によって発生したひびの具合で吉凶を占った。占いの目的と結果などを甲羅や骨に書き記すための記号が甲骨文字である。そういう意味で、甲骨文字あるいは漢字というものの始原に呪術ないし宗教があると言うことができ

る。文字成立の問題を離れても、古代人が呪術的な世界観をもっていた以上、文字の形にそれが反映していないはずはない。

試みに「霊」「畏」「召」「義」「鼎」の甲骨文字を見てみよう。字体のサンプルと解釈は白川静の『字統』に従うことにする。まず「霊」であるが、という形の甲骨文字がある。「口」の形で描かれる器状の祭具を並べて雨が降るように祈っているところなのだという。これが「霝」となる。これにシャマンである巫女を示す「巫」にあたる図形を加えたものが「霊」である。雨乞い儀礼を指していたのだが、のちに意味が広がってスピリチュアルなもの全般を指すようになったのだそうである。

神や皇帝などを前に畏れ畏まる意味をもつ「畏」は、という字体から始まっている。当時の占いの文言から推理するに、マジカルな杖をもった鬼（死んだ人間）が悪夢（鬼夢、畏夢）に現れたところを描いたものだという。「鬼」は頭蓋骨を強調した人の形であり、杖の部分は今日の「畏」では下の左のほうに折り込まれている。

「召」は、白川の解釈では、祭具である「口」へ向かって霊を表す「人」がにょろりと降下したところである。神霊を迎えるという意味。「招」はここから派生した。

太古の儀礼といえば世界中どこでも動物の供犠であるが、この供犠や犠牲に含まれる「犠」の字の出発点は、義理や正義に含まれる「義」である。甲骨文字では。『字統』の解説によれば、これは犠牲の「羊」とノコギリの象形である「我」とから成る。羊を切り刻んでチェックを入れ、生贄用に合格したから「義（ただ）しい」というわけだ。今日「犠牲（サクリファイス）」という言葉と「正義（ジャスティス）」という言葉は想像力の中でなかなかくっつかないが、旧約聖書の世界でも、犠牲→罪のお祓い→義（神の意にかなうこと）という具合に連想が進む。

もう一つ見てみよう。鼎談（ていだん）という言葉に含まれる「鼎」は三本足の容器（鼎（かなえ））を意味する。甲骨文字は〓。鼎の実際の形は17-1の如（ごと）しである。古代中国の青銅器には奇怪な図柄が施されているものが多いが、この挿画の鼎に見られる模様は饕餮文（とうてつ）という。饕餮は虎のような怪獣であるらしい。魔除けに怪獣の顔を描いたのである。

17-1　鼎（殷代）

怪獣模様で埋め尽くされた多種多様な青銅器が勢ぞろいすると、画数の多い漢字をずらりと並べたかのように見える。美意識として相通ずるものがありそうだ。

さて、甲骨文字は呪術的世界観とかかわりがあるとしても、一字一字は決して霊感の赴くままに気ままに描かれた絵なのではない。あくまで中国

17－2　マヤ文字の文書（ドレスデン絵文書、13〜14世紀）

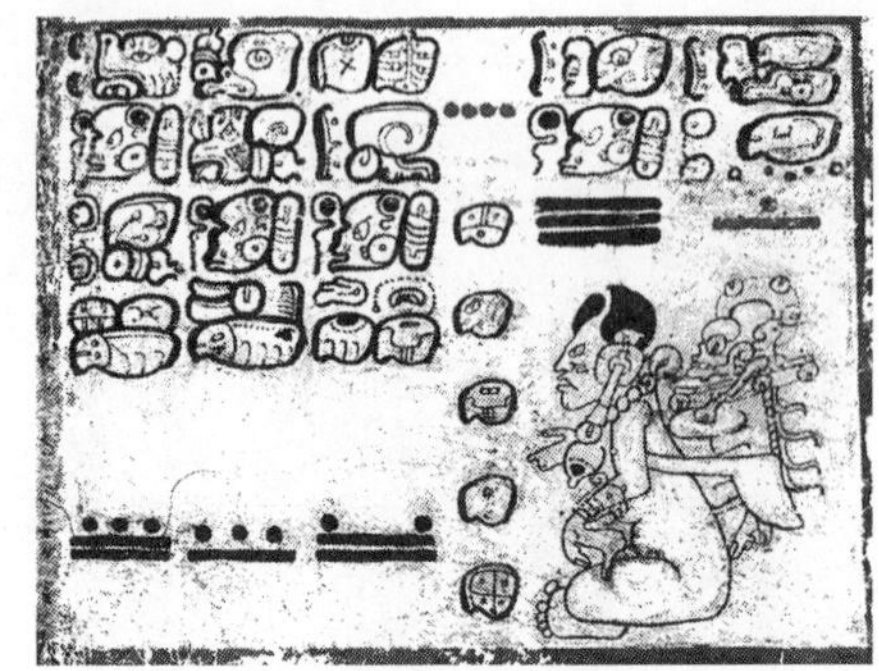

17－3　ヒエログリフ（ロゼッタストーン、前2世紀、エジプト）

語の単語に割り振られた音声と意味の言語学的記号である。同様のことはマヤの象形文字（17－2）やエジプトの象形文字（17－3）についても当てはまる。いずれの文字も高度に体系化された記号システムである。文字の創作と使用法の原理も三者に共通している。すなわち事物を具象的に象（かたど）って文字化する場合（漢字で言えば「人」「魚」「鼎」）、抽象的記号を文字とする場合（「一」「二」「三」「上」「下」）、音を表す部分と意味を表す部分を複合する場合（漢字の偏（へん）と旁（つくり）のように）があり、使用法としても音だけ借りて当て字にする場合がある（「亜米利加（アメリカ）」の類の表記）。さらに日本における読み仮名の

使用に相当する表記法もあったりする。

ちなみに、マヤやアステカの造形は渦巻きめいた装飾的な部分が多くて、古代中国の青銅器のデザインを彷彿とさせる。とはいえ、殷は紀元前二千年紀の国、マヤの古典期は紀元後だから、だいぶ時代がズレている。東アジアとアメリカ先住民は人種的にはつながっているが、直観的に結びつけるのは危険であるようだ。

文字の伝播、宗教の伝播

エジプト文字について詳しく説明する余裕はないが、これが三種の形態をもっていることにだけ触れておこう。神殿壁面に彫られた端正な絵文字っぽい書体をヒエログリフ（神聖文字、聖刻文字）と呼ぶ。これが崩れたものがヒエラティック（神官文字）、さらに崩れたのがデモティック（民衆文字）である。漢字でいえばそれぞれ真・行・草に当たる。

このうちヒエラティックの文字を転用して、エジプトにいた外国人が自国の言語の音素を記した試みから、今日世界中で使われている種々のアルファベット系文字が派生したのではないかと推定されている。

17-4はセシル・B・デミル監督の有名な映画『十戒』のワンシーンだ。イスラエルの民の指導者であるモーセに、神ヤハウェが十戒を啓示した。「出エジプト記」によれば、神は

17-4　セシル・B・デミル監督映画『十戒』：モーセが十戒を授かるシーンから

二枚の板に自ら十戒を刻んでモーセに渡したらしい。映画ではそれを、ヘブライ文字の親戚でありかつより古い文字体系であるフェニキア文字で再現している。エジプトのヒエラティックに近い書体の文字だ（ただし映画編集の都合か小道具係が間違えたのか、実際の「十戒」とナレーションの読みにズレがあり、しかも一箇条が漏れ落ちている）。映画のトリビアはともかく、古代イスラエルの民が十戒の石板を聖櫃（第2章参照）に入れて神聖視し、文字と文書をほとんど呪術的に尊崇していたというのは注目に値する。

フェニキア文字系の文字は中東一帯に広がり、律法の文字であるヘブライ文字やコーランの文字であるアラビア文字を生み出した（それらはいずれも子音のみを記し、母音は補助的に記す体系である）。さらにインドでの文字の使用に影響を与えたとされ、南アジアと東南アジア各地の様々な言語の文字がすべて派生している（たとえばインドのデーヴァナーガリー文字、ベンガル文字、タミル文字、スリランカのシンハラ文字、ヒマラヤの北のチベット文字、東南アジアのビルマ文字やタイ文字など。これらはいずれも子音字と母音記号が合体した音節文字を形成している）。他方、ヨーロッパ方面ではフェニキア文字からギリシア文字が派生し、ここで子音と母音を平等に記す完全なアルファベットが誕生した。さらにここからロシアなどのキリル文字、西欧各国語を記すラテン文字（英文字）などが派生している。さらに、アフリカはエチオピアのアムハラ文字も、モンゴルのモンゴル文字もみな、エジプト文字の遠い遠い子孫である。

世界中の文化が文字を通じて親戚関係を結んでいるのに対し、東アジアの漢字文化圏は異質である。ここだけ甲骨文字系の文字を用いており、日本のカナ文字も昔ベトナムで用いたチュノムという応用漢字もそこに含まれる（ハングルは学者が音声を分析して創作した極めて合理的な発音記号であり、漢字から派生したものではない。昔の韓国の知識人はみな漢文と漢字の使用に精通していた）。

ここで文字体系の広がりを詳しく記したのは、第一に文字の伝播は宗教の伝播と連動しているからだ。インド系の文字の東方への広がりはヒンドゥー教や仏教の伝播と関連している。ヨーロッパのキリスト教はギリシア系の正教かローマ系のカトリック（およびその派生形であるプロテスタント）かのどちらかだが、これが概ねキリル文字とローマ字の分布に対応している。そして漢字文化圏の独自性は、この地域が儒教と道教と大乗仏教をミックスした独自の宗教文化をなしていることと無関係とは言えない。

17–5　アラビア書道：コーランの章句（上）とカアバ聖殿のキスワ（下）

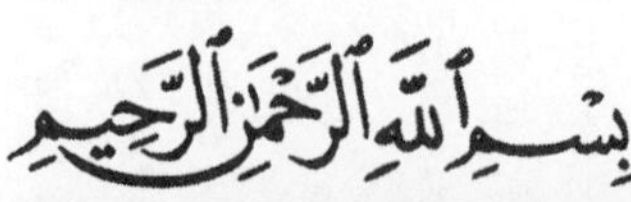

聖典から呪符まで

宗教における文字の使用は教典（聖典）の使用と呪文の使用という二つの方向で様々な応用的展開を見せている。

17-5はアラビア文字の例。上はコーラン冒頭の「慈悲深く慈愛あまねきアッラーの御名において」の句である（右から左にビスミッラーヒルラハマーニルラヒームと読む）。下はメッカのカアバ聖殿にかけられた布キスワ。

第2章で見てきたように、イスラムでは神の図像を描くことができないが、コーランもコーランの聖句も神の代理表象のようになっている。そして文字どうしを複雑に組み合わせた流麗な作品に満ちたイスラム書道を発達させた。イスラム書道の永続的な線のつながりは、モスクの幾何学的モザイク（Ⅰ部扉）や17-6のような植物模様に通ずるものがあるようだ。

これは神の働きが無限鏡のような永続的なつながりをもって認識されるイスラム神秘主義とも無関係ではないだろう。

なお、文字で書かれたものの放つ権威をよく示すものとしては、アメリカ大統領就任式における聖書に手を当てて行なう宣誓と、（それとは逆方向だが）宗教信者が象徴的に行なう焚書が挙げられるだろう（たとえばアメリカの一部の保守系の教会は子供たちに魔法を教える邪悪な本として『ハリー・ポッター』を焼いてみせた）。

17-6　皿の植物模様（15世紀、トルコ）

呪術的な方向における文字の神秘化としては、一九世紀初頭にシャンポリオンがエジプト文字を解読する以前、これをやたらと神秘めかして霊感的に解釈することが流行したということが挙げられるだろう。17-7の挿画を乗せたエジプト文字解読書を書いたキルヒ

17-7　アタナシウス・キルヒャー『エジプトのオベリスク：ヒエログリフ解釈』挿画（17世紀）

17-8　ルーン碑文（9世紀、スウェーデン）

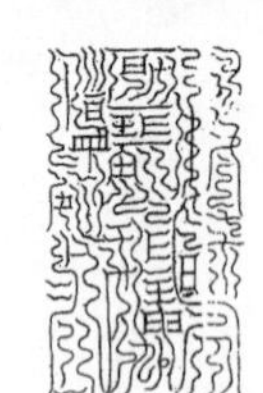

17-9　道教の霊符（玉皇経）

ャーの解釈もそのようなものであった。マヤ文字解読においても似たようなことが起きたという歴史がある。象形文字というのは部外者の勝手な憶測を呼び込みやすいようだ。

17-8はバイキングなど古代北欧人が用いていたルーン文字。これはラテン字その他が変形してできた文字で、普通に実用的に用いられていたようだが、のちにもっぱら呪術的な文字と解釈されるようになった。今ではニューエイジ系の占いのツールとなっている。

17-9は道教で用いられる霊符である。日本各地の神社や新宗教などでも似たような神秘文字を記した護符や呪符は多い。一部の人々は、漢字伝来以前の日本には「神代文字」なるものがあったと信じている。色々な図柄が出回っているが、歴史学的、言語学的には偽史の類との扱いである。

PART V

聖なる空間をレイアウトする

文伯仁「方壺図」(部分、16世紀、中国)

第18章　神殿と聖地——神の住まい、歴史の記念

伸縮自在の聖域

宗教の多くは聖なる空間——聖域——をもっている。神殿や教会堂などは聖なる建築物であるが、聖性はそうした構築物の形状に必ずしも制限されない。

そもそも何をもって聖域と呼ぶかは相対的な問題である。神殿や礼拝堂の堂宇・伽藍そのものが聖であったり、礼拝施設の一部が聖であったり（たとえば一部の聖職者しか入れない至聖所）、建物の外部に広がる境内までが聖であったり、さらに茫漠と広がる都市域や山林全体が聖であったりする（都市エルサレムはまるごと聖地と呼ばれている）。

ヒンドゥー教徒にとっては、インドの大地そのものが聖なるものだという。神道の伝統も「豊葦原瑞穂国（とよあしはらのみずほのくに）」「扶桑（ふそう）国」などと呼ばれる日本列島を特別扱いしている。もっともインド半島や日本列島をまるごと聖と呼ぶのは、聖域や聖地の通常の概念を超えている。

ちなみに、特別な場所の「特別」性の境界線が移動するのは、世俗の世界でも同様である。たとえば江戸城や桂離宮といった近世の宮殿建築は、階層をなす複数の御殿をもっており、それぞれの内部がまた上段、中段、下段などに分かれている。訪問者は身分によってどの御殿のどの段まで進めるかが決まっている。当人にとっては自分の招かれたところから先は「至聖所」のようなものだ。だが、身分が変わればそうした境界線は移動するのである。

神霊の住まい

世界各地に神々や精霊が棲む、宿ると言われる山や渓谷や樹木や岩がある。神道の注連縄（しめなわ）はそうした事物を示す印として働く（18-1）。聖なるものだから注連縄を張ったのか、注連縄を張ることによって聖なるものに仕立て上げたのかはニワトリとタマゴの関係だとしか言いようがない。

神道のカミは何であれ尋常ならざるパワーをもった存在のことであり、人のこともあるが、自然物である場合も多い。

18-1　神道：カミの宿る所

18-2　タイの精霊の社

奈良県の三輪山（みわやま）のように山そのものがご神体になっている場合もある。神霊を自然物と結びつけるアニミズム的発想は日本に限られたものではない。たとえばモーセが唯一神に出会ったときには、神は山中の「燃える柴」という不思議な物象の中に宿っていたとされる（「出エジプト記」三章）。いずれにせよ聖書の天地創造神ヤハウェは歴史的にはこうした山の神に由来するのである。

18－2はタイの僧侶が精霊（ピーと呼ばれる）を供養する様子を描いたもので、小さなお社は日本の神棚に似ている。日本の宗教は仏教と神道の二本立てとして整理されているが、他のアジア諸国でもたいがい仏教とローカルな神々や精霊の信仰とが並行して信仰されている。仏教の基本的性格は悟りの修行の宗教であるから、土地土地の神々や精霊の存在を否定するような性格のものではないのである。

日本の神社建築がどのようにして誕生したのかはよく分からない。飛鳥時代や奈良時代に仏教が高度な仏教建築とともに輸入されたが、これに応じて神道の神々も大きな社をもつようになった。有名なのはアマテラスを祀る伊勢神宮とオホクニヌシを祀る出雲大社だ。伊勢神宮の社殿には金属製の飾りもついているが、それを除くと極めて素朴な建築である（18-3）。形態としては米倉か倉庫だ。仏殿は石の土台をもっているが、神宮は土の穴に掘っ立て柱を据える。仏殿は瓦屋根だが神宮は茅葺である。建物そのものに恒久性はないが、二〇年に一度「遷宮」を行なうから、コピーの形で神宮としてのアイデンティティが保たれている。国土地理院の新旧の地形図を見比べると、社殿地と空き地が左右入れ替わっている。これはつまり平成二五年（二〇一三年）に遷宮があったためである。

18-3　伊勢神宮内宮（社殿正面図と25000分の1地形図：平成10年版〔左〕と28年版〔右〕）

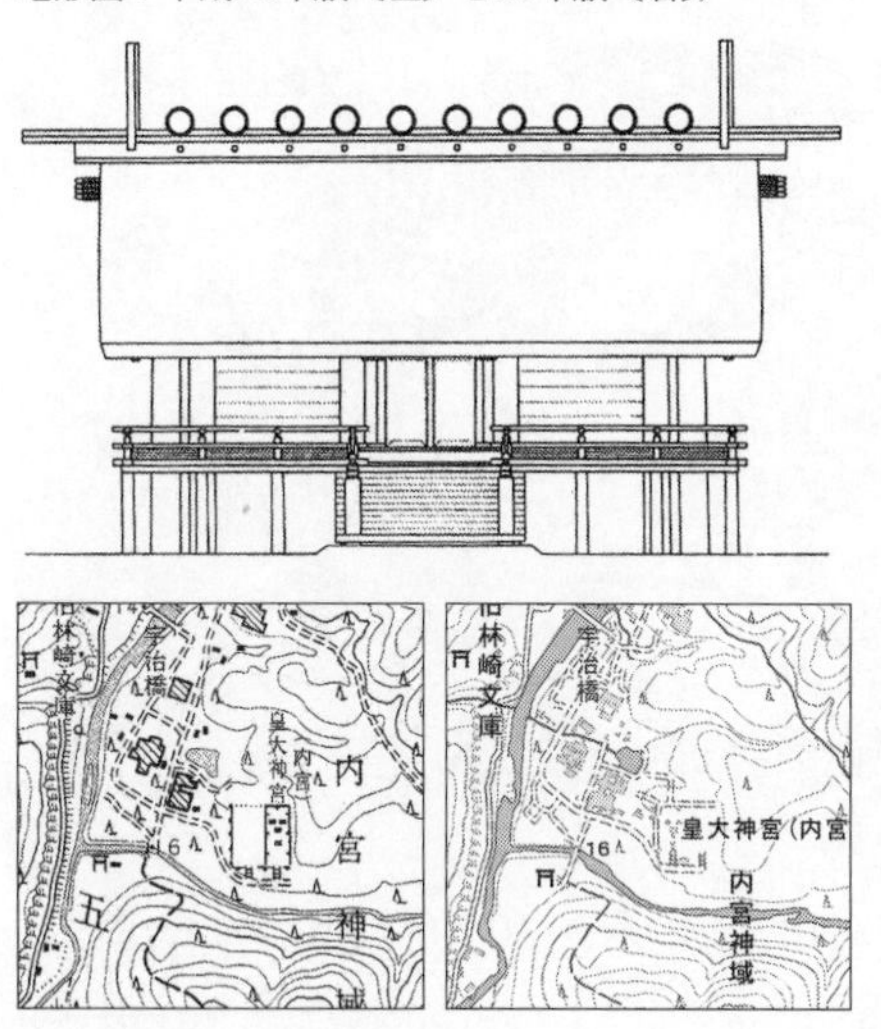

次に世界的に有名なアテネのパルテノン神殿を見てみよう。祭神はアテネの守護神アテーナーだ。アテネの市内にアクロポリスという岩でできた丘がある（18-4）。太古には城塞のようなものだったらしい。やがて神域となり、各種の神殿が建てられた。山門プ

18-4　前５世紀ごろのアテネのアクロポリス（ギリシア）

ロピュライアを抜けると、左手に複雑な形をした複合神殿エレクテイオンが、右手に壮麗なパルテノンが現れる。神殿の中にはアテーナーの神像があった。アテネ市民が神像そのものをアテーナー女神と考えていたわけではない。リオ市民がコルコヴァードのキリスト像をキリストと思って拝んだりしないのと同じだ。基本的に神像は美術品のようなもので、パルテノンは宝物館のようなものだったらしい。さらにいうと都市国家アテネの国威発揚のモニュメントである。

18-5は法隆寺（の西院）であるが、ある意味、こちらのほうがパルテノン神殿よりも聖域としてずっと厳格であった。つまりタブーが強かった。中門を潜ると回廊で閉じられた空間があり、五重塔と金堂が建っている。いずれも飛鳥様式の建築であり、現存する世界最古の木造建築として有名だ。一〇世紀末以降、回廊は後方で屈曲して経蔵、鐘楼、講堂にアクセスできる形にデザイン変更されたが、七世紀の創建当初はこの屈曲がなく、講堂（今のものとは異なる）で勉強する学僧たちは回廊から締め出された形になっていた。

仏塔は第20章で説明するように釈迦の骨（仏舎利）を納めるものだ。そして金堂には仏像が納められている。つまり回廊の内側は遺物（仏舎利）と図像（仏像）に封入された神霊ブッダの「住まう」禁忌の領域だったのである。

こうしたタブー感覚は観光客のあふれる現代では分かりにくくなっているが、非公開の秘仏を隠し持っているお寺や、未だに考古学者も入り込めない天皇陵、あるいは東京のど真ん中に残された謎の森林地帯である皇居のことを思うと、少しは分かるかもしれない。

基本的に聖性は禁止と関係がある。聖性があるからアクセスを禁止されるという風に信者は思うかもしれないが、禁止するから聖なるものに思えてくるというメカニズムがあることは否定できない。注連縄の場合と同様、ニワトリとタマゴなのだ。

18-5　法隆寺の西院伽藍

歴史によって聖となる

土地や空間は歴史的因縁のゆえに聖となることもある。

18-6　エルサレム：３宗教の聖地

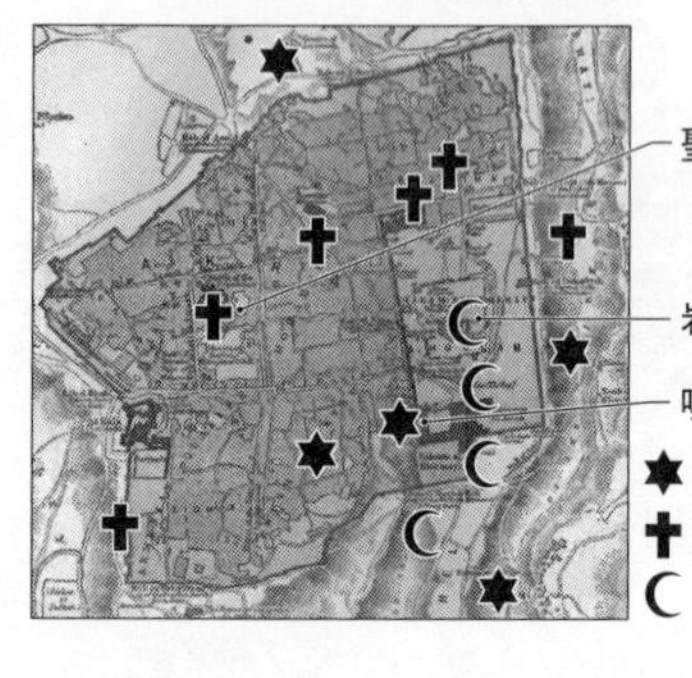

18-6はエルサレムがユダヤ教、キリスト教、イスラム教という三つの一神教の聖地であることを示した図である。そもそもこの地をわが物と考えていたのはユダヤ教徒である。古代のイスラエル人ないしユダヤ人は紀元前一千年紀のあいだにこの地に建国し、異民族に追い払われ、また戻ってきた。紀元後の七〇年にローマ帝国が神殿を完全に破壊した。現在、かつての神殿の丘の外壁の一部が露出した場所がユダヤ教徒にとっての祈りの地となっている。いわゆる嘆きの壁だ。

エルサレムはキリスト教徒にとっても聖地である。開祖のイエスがエルサレム市内の南のどこかで弟子たちと最後の晩餐をとり、東の城外で逮捕され、市内の三か所でユダヤ教祭司、領主ヘロデ、ローマ総督ピラトの裁判を受け、西の城外（現在は旧市街の北西部）で十字架に掛けられ、埋葬された。埋葬の地とされる場所に聖墳墓（せいふんぼ）教会が建っている。

さらにこの地はイスラム教徒にとっても聖地だ。というのは、かつてのエルサレム神殿跡にある岩の上から開祖のムハンマドが天空の旅に出かけたという伝承があるからだ。その場所に現在岩のドームというモスクが建っている。

なぜ三つの宗教の聖地が重なっているのかというと、三宗教の歴史が重なっているからである。キリスト教はユダヤ教から派生したものであり（イエスはユダヤ人だ）、イスラム教はユダヤ教とキリスト教の影響のもとに成立した。

というわけで、エルサレムが聖地であるのは歴史的経緯による。それぞれの宗教の形成過程がこの地を特別なものにした。歴史的経緯といっても、文字通りの史実ではないものも含まれる。イエスが埋葬後三日にして甦ったのも、ムハンマドが天空に飛び立ったのも、歴史学者は神話とみなしている。岩のドームのある場所にかつてあったユダヤ教の神殿は、そのかみアブラハムがイサクを生贄にしようとした場所であったとされるが、これまた神話であろう。

歴史であれ、神話であれ、人間の記憶の中にある物語が、この地を聖地にしている。自然環境的にはここが聖地である特別な理由はないということを、改めて確認しておきたい。

聖地といえば、イスラム教の場合、正式に聖地（ハラム）であるのはメッカとメディナだ。すなわち

18-7　1850年ごろのメッカ

非信徒は入れない。18-7はメッカの町を描いた昔の絵である。左に川のように見えるのは巡礼者の群れだ。町の中心にあるのはカアバとそれを取り囲む聖モスク（マスジド・ハラーム）。聖モスクは今よりずっと狭い。カアバの周りに描かれている小建築も今はない。交通手段の発達によりメッカに押し寄せる巡礼が増え、カアバの周囲もどんどん造り替えられ、聖モスクは巨大化した。

18-8はメッカ大巡礼（ハッジ）の様子を示したものだ。イスラム暦の第一二月の八日から一〇日のあいだに行なうのがハッジである。様式と行事は定まっている。七日までにメッカ入りし、イフラーム布という白い着物に着替える（これは貧富を問わぬ信者の平等性を示すものだという）。八日にメッカの中心にある聖モスクのそのまた中心にあるカアバの周囲を反時計回りに七周するタワーフという儀礼を済ませ、さらに聖モスクに接続している長い廊下のような建物の両端にあるサファーとマルワという小丘のあいだを駆け足で往復する（片道で数えて七回）。九日に

18-8　メッカ巡礼の手順

イフラーム布

8日：タワーフ

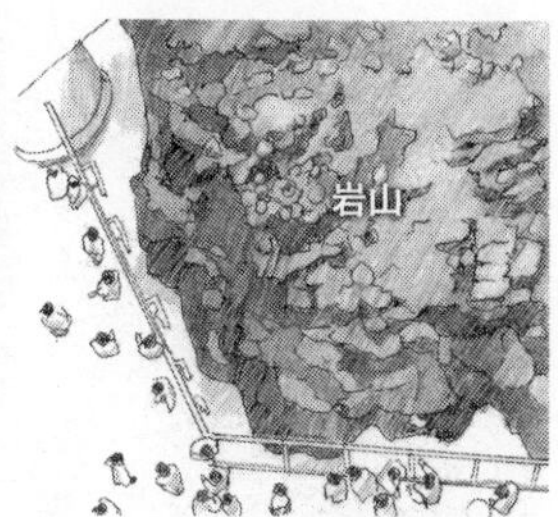

8日：サファーとマルワ

9日：アラファートの山

10日：ミナー

はメッカ中心部から数キロ離れたアラファートのラフマ山で「ラッバイカ（我御前にあり）」と叫び、そのあとメッカ方面にちょっと移動してそこで小石を拾う。その小石を、一〇日にミナーという地で悪魔を象徴する石の塔（いくつも用意されている）に投げつけ、そのあと動物犠牲を捧げ、イフラーム布を脱ぐ。

これらはいずれもムハンマドが生前最後に行なった儀礼を踏襲する形になっている。メッカ大巡礼というのは、神から啓示を受けたというムハンマドの記憶を行動によって反復する行事であり、何か古刹や聖遺物を古美術品のように味わうためのものではない。偶像崇拝を嫌うイスラム教は（少なくともサウジアラビアの場合）物質的遺跡保存にはむしろ冷淡であるらしい。カアバそのものも内部は空であり、常にまっさらであって古さを感じさせるものは何もないと言う。

第19章　祈りと修行の場——寺院、教会堂、モスク

礼拝の場

ユダヤ教のシナゴーグ、キリスト教の教会堂、イスラム教のモスク、ヒンドゥー教や仏教の寺院、道教の道観（どうかん）、神道の神社はいずれも礼拝の場としての機能をもつ。礼拝のために日射や雨露を防ぐというだけであれば、礼拝施設そのものにタブーの領域はないということになるかもしれない。しかし多くの場合、施設の一角、あるいは一方向は特別に聖とされる。その限りで、礼拝堂は「神殿」的な役割を兼ねている。中世のカテドラルのように、ことさらに高くすることで聖性を高めているものもある。

19－1は古代および中世の代表的な教会堂建築の断面図である。古代ローマ・ビザンツのハギア・ソフィア（アヤ・ソフィア）は、巨大なドームによって恐ろしく大きな空間を実現している。ローマ帝国の高度な建築技術の成果だ。アミアン大聖堂など中世ゴシック教会は、

19-1　空間の大きさと高さを誇る教会堂

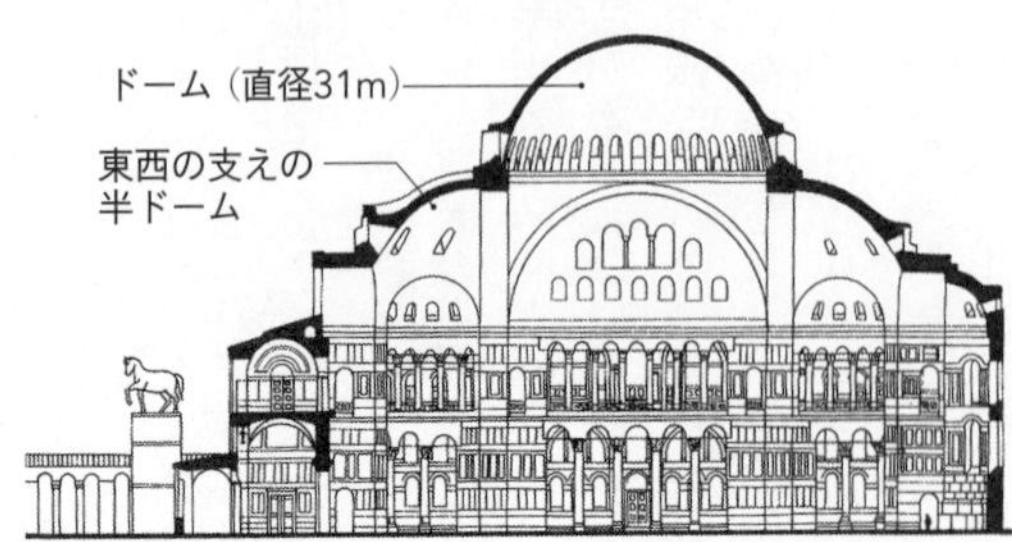

アヤ・ソフィア（4世紀、イスタンブール、トルコ）

アミアン大聖堂

ヴォールトによって高い高い屋根を支え、それが外側方向にはじけないように飛梁という構造で力学的に支えている。どちらも礼拝空間の天井の高さに対する強い要求が見られるが、これはキリスト教建築の特徴かもしれない。

　イスラム建築もドームやヴォールトを使用するが、モスクの内部空間については、むしろメッカのカアバの方向（キブラ）という水平方向に礼拝の意識を集中する。

　ここで、アーチとヴォールトとドームについて補足説明しておこう。

　石造の柱と柱のあいだに天井をかけるにあたって、長い木の梁を渡さずに、互いにもたれ

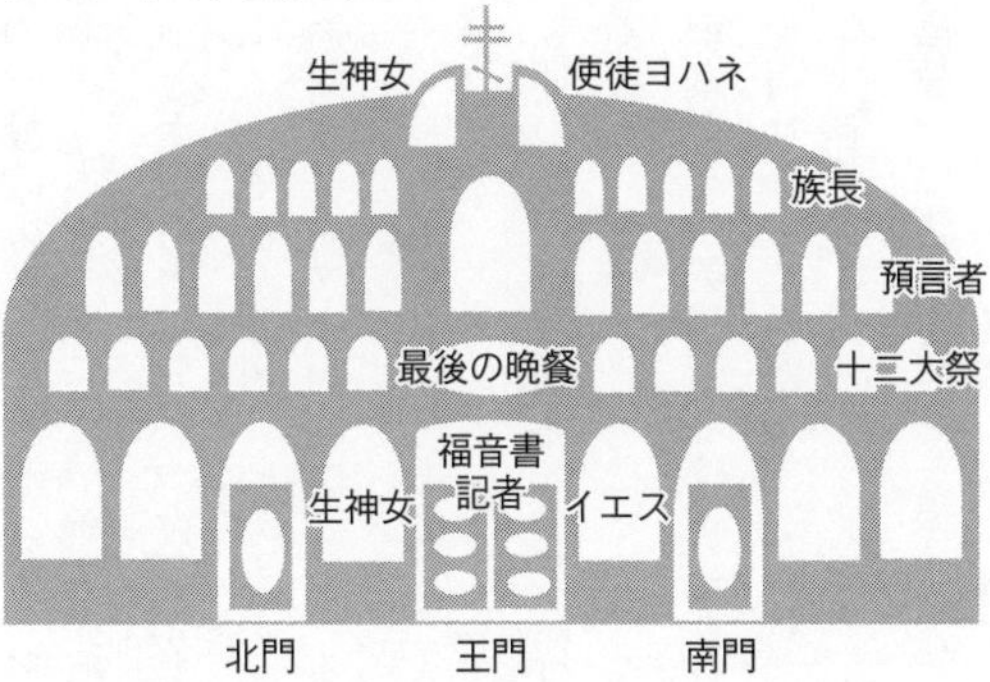

あうような形で円弧状に石を積んだとすれば、アーチが出来上がる。そのアーチを平行移動させて通路状にするとヴォールトとなり、その場で三六〇度回転させるとドームとなる。いずれにせよ石どうしが協力しあって自分たちだけで天井をつくる。

インドから東では（イスラム建築を除いて）アーチもヴォールトもドームも発達しなかった。とくに石造建築の発達しなかった森林の国日本には縁のない工法であった（ちなみにギリシア神殿にも縁がなかった。柱の多いパルテノン神殿の形は木造建築を石で模したものだ。昔はエーゲ海域にも木がたくさん生えていたのである）。

19-2　イコノスタス

話を教会堂に戻そう。普通、古い教会堂は祭壇が東にくるように建てられている。エルサレムがローマ帝国の東方にあったからだが、こういう方向づけをオリエンテーション（東（オリエンス）に向ける）と言う。

堂内の聖性の演出に関しては東方正教会がユニークな展開を見せている。19-2はロシア正教会のイコノスタスの一般的モデルである（イコンの数や段数は色々なバリエーションがある）。イコノスタスはイコン（聖画）をたくさんかけるパネルのようなものであるが、聖堂内部を一般信徒の礼拝場所と至聖所とに分かつ役割をもっている。中央と左右に開けられた門から司祭が出入りすることで礼拝の儀礼が行なわれる。至聖所にキリストが住まっているわけではないが、イコノスタスはタブーを演出していると言えるだろう。

修行の場

礼拝の場の一変種として、修行の場というカテゴリーをたてることができる。いわゆる道場である。

釈迦とその弟子たちはインド各地を遊行したが、雨季には特定の修行キャンプに定住せざるを得なかった。寄進で造られた祇園精舎や竹林精舎はそうした修行キャンプだ。それがのちのち発達して、各地の寺院伽藍（がらん）となった。

仏教では諸仏を拝みもするが、本来は瞑想を中心とする修行の宗教であり、寺院というとお坊さんの修行の空間という意味合いが今でも濃厚である。とくに真言宗の高野山（金剛峯寺）や天台宗の比叡山（延暦寺）、そして曹洞宗の永平寺などは、俗世を離れた修行の地として知られている。同様のことはタイの寺院やチベットの寺院についても言える。

19-3　仏教の修行と礼拝の空間

曹洞宗の道場

浄土真宗東本願寺の本堂

19-4　カトリック修道院の回廊（12世紀、サン・ピエール修道院、フランス）

19-3は壁に向かって自力の坐禅を行なっている様子と、阿弥陀の他力を奉ずる寺院で僧侶たちが礼拝している様子を描いたものである。前者は修行の場、後者は礼拝の場ということになるが、区別してもあまり意味はないかもしれない。

信仰と礼拝の宗教であるキリスト教においても、カトリックや正教会といった古くからあ

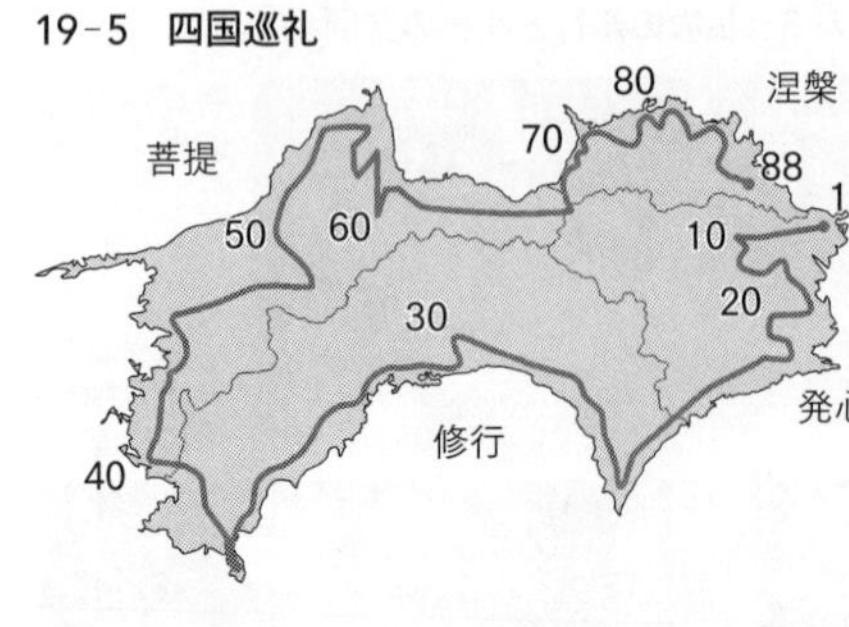

19-5　四国巡礼

る宗派には、修道士（および修道女）がこもって修道三昧で暮らす施設がある（閉鎖空間に蟄居（ちっきょ）せず社会での活動を行なうタイプの修道会もある。イエズス会やフランシスコ会などである）。修道院の内部は礼拝堂、宿泊施設、種々の作業場、図書室などで構成される。独特の景観として、回廊が挙げられるだろう。施設の内部だが露天のパティオとなっており、修道士たちはここを散策して瞑想や思索を重ねたかもしれない（19-4）。

修行道場としての巡礼地

狭い道場を飛び出して、広い聖地空間全体を修行道場とすることもある。密教の師である弘法大師空海にゆかりのある四国は、島全体が一種の聖地だ（19-5）。島の周囲を分散した八八の寺院を順次に巡るのが「四国八十八ヶ所」である。順番は絶対ではない。都合に応じて様々な巡り方があり、逆順に進むことも、一度にちょっとだけ巡ることも、あるいは全部を巡らずに済ますことも可能だ。

四つの国（今は県）ごとに意味付けが施されており、阿波（あわ）は「発心」、太平洋の荒波が打ち付ける土佐は「修行」、西に海を見る伊予は「菩提」、順番的に最後に来る讃岐は「涅槃」とされている。これは密教で用いる曼荼羅において、中央の大日如来の周囲に描かれる四仏がそれぞれ発心（東）、修行（南）、菩提（西）、涅槃（北）を象徴するとされることに対応する。つまり四国という空間はそのまま四方対称の曼荼羅を構成しているのである。巡礼者にとってさして意味のあることではないかもしれないが、聖地と思想的な観念との結びつきを示していて興味深い。

聖域としての礼拝施設を構成するもの

エルサレムやメッカや釈迦が悟りをひらいたというブッダガヤーなどは、その歴史的出来事によって特別な場所となっているのだから、建物などの施設が破壊されようが、年々刷新されていこうが、特別な空間――聖地――のままであり続けるだろう。

それに比べると、続々と建てられた各地の教会堂、礼拝堂、モスク、寺院、神社、祠堂の多くは、そこに祭壇、十字架、仏像などが麗々しく飾られ、信者が行事を重ねている限りにおいて特別な空間として認知されるのであり、一切を取り払ったら、たぶん単なる俗なる場所に戻ってしまう。そうやってただの廃墟になった修道院跡や場所が分からなくなってしまった古代の寺なども多い。

そこで改めて考えてみよう。そのような聖なる空間の演出に用いられる物質的・物理的道具立てにはどのようなものがあるのだろうか（19-6）。

まず舞台設営である。麗々しい建築物ではなくても、注連縄、旗のようなもの、四方を祓い清める仕草、鐘の音、礼拝への呼びかけ（イスラム教のアザーンなど）などによっても聖なるステージが出来上がる。

大道具としては大小の祭壇、仏像などの聖像、壁に掛ける曼荼羅、護摩壇、壁体にすっぽり入ったパイプオルガン等々がある。

小道具としては祭壇に置かれた聖体顕示台、十字架、金剛杵（こんごうしょ）などの密教法具、聖杯、聖職者が打ち振る香炉、信者が手にもつ数珠やロザリオなどがある。また小道具と言っては失礼だが、聖書や法華経やコーランなどの各種教典がある（少なくとも儀礼の進行においては小道具として使用される）。

演者は儀礼の進行役としての聖職者だが、ラビ、司祭（神父）、牧師、イマーム、僧侶、導師、道士はそれぞれに特徴的な法衣（ほうえ）を身にまとうのが普通である。宗派ごとに複雑に発達した宗教的コスチュームに関しては優に別の一冊ができるほどの内容がありそうであり、本書では言及だけにとどめておく。

聖職者と会衆・氏子（うじこ）・檀家である一般信徒は、いっしょになって儀礼を粛々と進めていく。

19-6　聖なる空間の演出

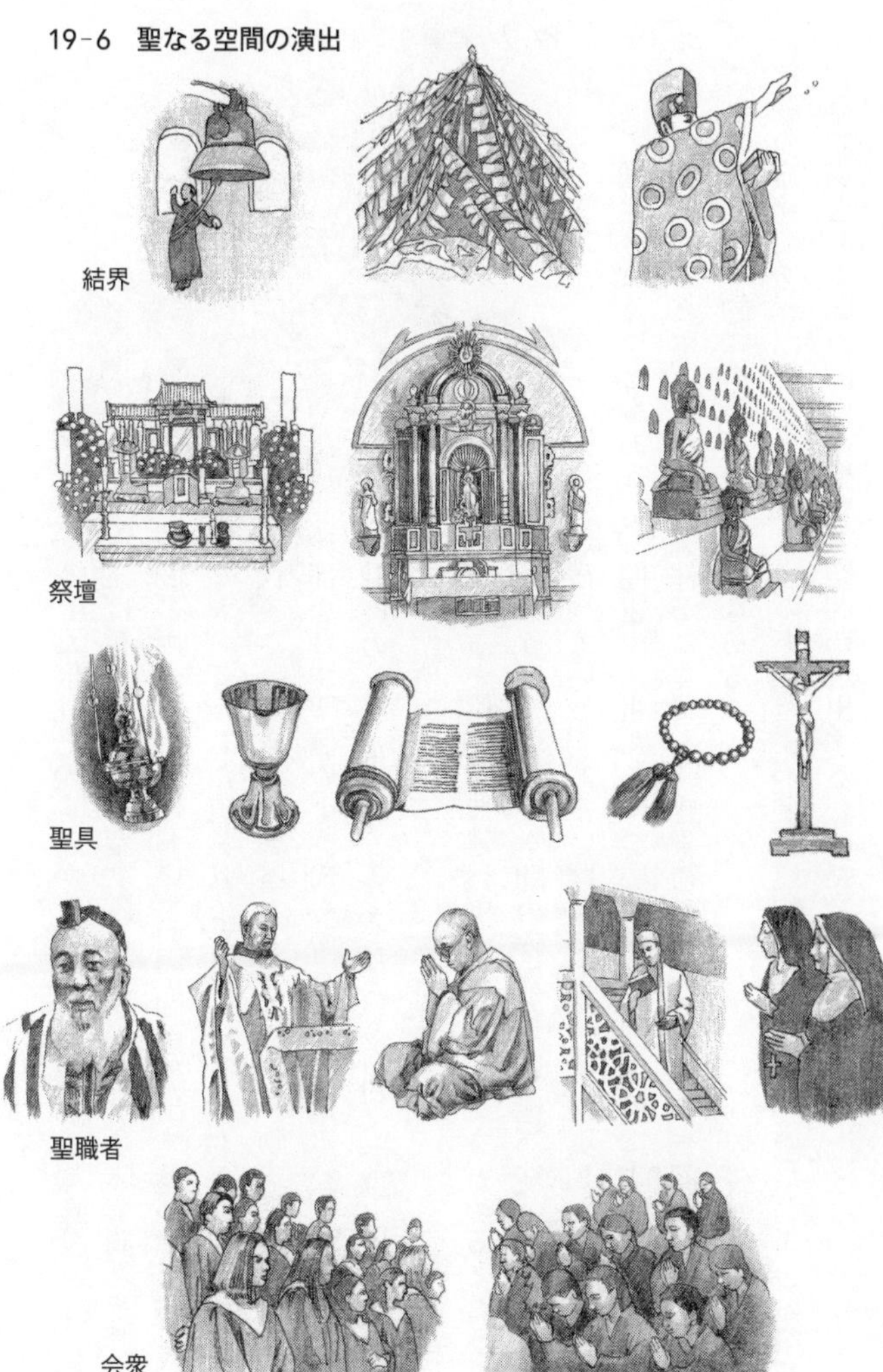

19-7　神輿

そうした儀礼そのものがこの空間を聖なる場に変える。たとえば祈りや読経や聖歌隊の歌が言葉の意味空間と音響の空間の両方の次元において聖空間を現出するわけである。

なお、こうした道具立てを最もコンパクトにまとめると、古代イスラエルの「幕屋」と呼ばれる移動式神殿やその中核部をなす聖櫃のようなものとなる。あるいは日本の神社の神輿のようなものとなるだろう（19－7）。いずれも移動式の聖所である。

第18章と第19章で述べてきたところをまとめるとこうなるだろうか。場所や空間の特別性（聖性）は、そこに神霊が宿っている、あるいはかつて神霊が出現したという神話によって固定されることもあるし、開祖や先祖たちについての歴史の記憶によって固定されることもある。さらに、そうした条件がなくても、建築物や聖なる小道具や儀礼の演出によってプロジェクト的に構築されることもある。

常設の建物であれば朽ち果てるまでのあいだずっと、建物がなければそのたびごとの祭礼や祝祭の場として臨時的に、聖なる空間が現出するわけだ。

第20章　塔と宇宙樹——仏塔、ミナレット、ユグドラシル

塔の様々な機能

塔とは自らの高さを誇る建物のことである。つまり、単に漠然と高いだけではなく、周りの建物より抜きん出て高く、その時代の水準からみて最高度の技術をもって高く構築されたものである。高さに特化しているので、たいていの場合平面方向に部屋を増やすことは考えておらず、各階とも機能的に切り詰められた四方対称あるいは円形のプランとなる傾向がある。

塔の機能は様々だ。単純には防御のための物見の塔がある。また、天を衝く高さをもって政治権力の象徴とすることも、神への近さを誇ることによって宗教的象徴とすることもある。現代ではテレビ受信のための電波塔があちこちに誕生したが、それ自体として科学文明の威力の、したがってそれを駆使できる国力の象徴のようにもなる。

20－1　古代文明の塔状建築

マヤのピラミッド型神殿

エジプトのピラミッド

メソポタミアのジッグラト

古代文明には印象的な塔状建築がある（20－1）。代表的なのはエジプトのピラミッドだ。王墓のようであるが、王権の誇示ということと並んで、一種の公共事業であったという見方もある。エジプト人がピラミッド造りにいそしんでいたのは文明初期のころであり、文明が成熟すると建てなくなった。かわりに神殿や王宮や世俗の建築物が発達していった。

現在イラク国のあるメソポタミア地域には都市国家が次々と興ったが、都市の主神を祀るための土台の高い神殿をジッグラトと呼ぶ。ウルの高さ推定三〇メートルのものが有名だ。バビロニアの首都バビロンにあった高さ約九〇メートルのエ・テメン・アン・キ（天地の礎となる館）はそびえ立つようなエレベーションをもっていた。これは旧約聖書の「バベルの塔」のモデルになった。

マヤの神殿は形態的には階段状のピラミッドである。チチェン・イッツァのククルカンの神殿（高さ二四メートル）などが有名だ。こうした建築はテオティワカン（七一メートルの「ピラミッド」をもつ）にもアステカ文明にもある。始皇帝の陵墓（高さ七六メートル）や、日本の前方後円墳（最大の大仙陵古墳で高さ四〇メートル弱ある）も、面積のみならず高さも誇ったという意味で、塔状建築の仲間に加えてみることができる。自然に埋もれてしまって、塔にはとても見えないが。

20-2に並べたのは近代以前に各文明圏を仕切った古典的な宗教の塔状建築である。ドイツのウルム大聖堂の尖塔は一六一メートルと教会堂の塔として世界最高とされる。一般にゴシック式のカテドラルは高さを志向している。イスラム教のモスクには礼拝の呼びかけ（アザーン）を行なう塔ミナレットがある——アルムタワッキル・モスクのらせん形の塔の機能は平原におけるモスクの目印であったとも言われるが。ヒンドゥー教では、とくに南インドの神殿が左右対称＋前後対称の独特な塔状建築をもつ。壁面を神々の像が埋め尽くしている。仏教には仏塔がある。起源は開祖釈迦の骨（仏舎利）を納めた一種の霊廟である。儒教系の塔状建築物としては、北京の天壇にある祈年殿が重要だろう。毎年正月に皇帝が五穀豊穣を祈った一種の祭壇だ。

これらの宗教的塔状建築物が、宗教の教義に照らしてどの程度の意義をもったものであっ

20-2 古典的宗教の塔状建築

左からウルム大聖堂（14～19世紀、ドイツ）、アルムタワッキル・モスクのミナレット（９世紀、イラク）、ミーナークシー寺院の楼門（17世紀、インド）、法王寺の塔（７世紀、中国）、天壇の祈年殿（19世紀、中国）

たかは判然としない。塔はいかにも印象的であるし、ピラミッドから仏塔まで、カテドラルの尖塔からミナレットまで、聖性の象徴であることは間違いないように思われるのだが、それは教理的なものというよりも、宗教行事の式次第や祭壇のレイアウト、聖歌の印象的な節回しと同様の、典礼的な演出法に属する。宗教をメタな視点で横断的に眺めたときに、聖なる演出として塔が目をひくというわけである。

仏塔

「塔」という言葉は仏舎利を供養

20-3　様々な仏塔

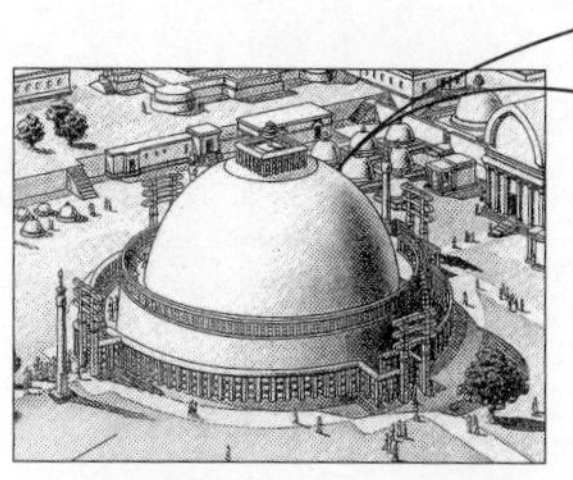

サーンチーのストゥーパ
(前2世紀、インド)

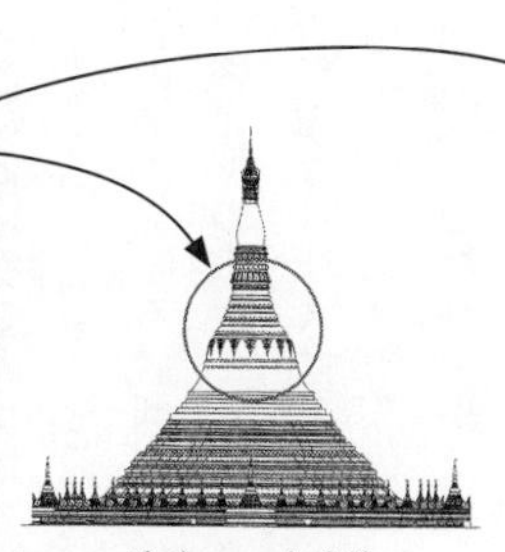

シュエダゴン・パゴダ
(6〜10世紀、ミャンマー)

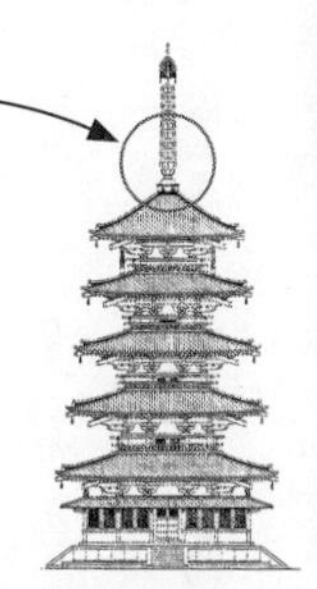

法隆寺五重塔
(7世紀、日本)

する塚を指すストゥーパに由来する。漢字で書くと卒塔婆となり、略して塔婆、さらに略して塔となる。漢字の「塔」はもっぱらこの外来語のために使われる(なお、墓地で見かける独特な刻みの入った長い木の板も卒塔婆と呼ばれる。密教において地水火風空という物質的エレメントを象徴する石造の五輪塔というものが建てられるようになり、その省略版として木片の卒塔婆が追善供養などに使われるようになったのである)。

20-3をご覧いただきたい。インドのストゥーパは土饅頭型である。周囲を囲み、四方に鳥居のような門をつけ、釈迦の業績などのレリーフで飾る。今日我々が呼ぶところの塔すなわちタワーではない。これがインド域外では塔状にひょろ長くなっていき、たとえばミャンマーやタイなどでは中央がひょろりと伸びた造形となる。こうなると見るからにタワーである。細部は幾重もの層をなしており、後述の須弥山(しゅみせん)の階層構造に似ている。

他方、中国方面ではひとまず木造建築としてストゥーパを模すようになり、もとの土饅頭の部分はうんと縮小して高層の屋根の頂上部分（相輪と呼ばれる尖塔の根本）に象徴的に載っけられるだけになった。日本では木造の五重塔や三重塔がたくさん残っているが、中国では多重化した石造のものが残っている。いずれにせよタワーめいている。

インドを離れた仏塔については、英語ではパゴダと呼ぶのが普通である。中国・日本式のものも、ミャンマー式のものもパゴダだ。つまり土饅頭よりもタワーに近い形状のものがパゴダだということになりそうだ（名称といえば、古代インドではストゥーパ〔卒塔婆〕の他にチャイティヤ〔制多〕という呼び名もある。区別は判然としない）。

仏塔に対する信仰は、仏舎利に対する信仰と関係がある。仏教は釈迦に倣って修行する自己啓発型の宗教として出発したが、開祖の釈迦そのものも超人的な存在として崇められるようになり、とくに修行などできない民衆にとっては仏塔を拝むことが大事な信仰形態となった。というわけで、仏塔は仏教が自力の修行の宗教から他力の信仰の宗教に転換するにあたって大きな役割を果したわけである（ただし、そのこと自体は高層建築物としてのタワーの造形的特質とは必ずしも関係のある話ではない）。

　水平方向に比べて垂直方向が長いタワーという造形の聖性を語るならば、いくつか異なる次元のシンボリズムに目を通しておいたほうがいいだろう。

　一つは宗教の世界観としてしばしば登場する世界の中心軸という思想である。顕著なのは仏教およびヒンドゥー教の宇宙論（コスモロジー）における須弥山（スメール山あるいはメール山）である（20-4）。これらの宗教では球形の地球のことは知られておらず、平面的に並べられた諸国土と上へ上へと積み重ねられた神霊の空間が神話の地理学を構成していた。世界の中央にある神々のタワーマンションのようなのが須弥山である。何重もの層からなり、途中の層には四天王が住まっていたり、神々の王、帝釈天の宮殿があったりする。須弥山の上空にはさらに複数の天が重なっている。釈迦が生まれる前に待機していたという兜率天もそうした天の一つである。インド人はヒマラヤを見て須弥山を思いついたのだろう。

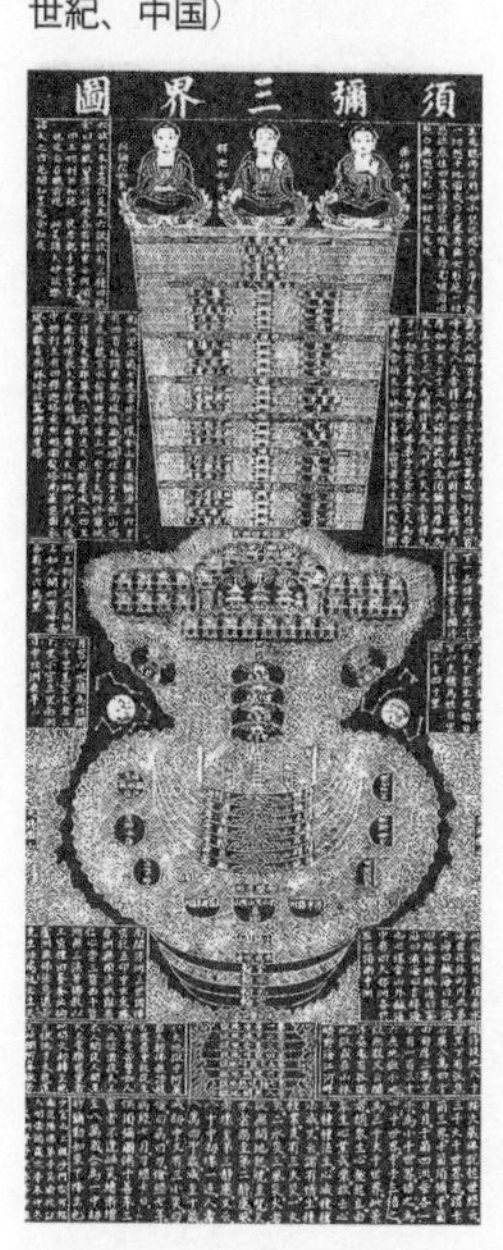

20-4　須弥山（拓本、17世紀、中国）

　20-5は北欧神話の巨木ユグドラシルである。巨大なトネリコの木で、これ一本で神々の世界から人間界、巨人界、小人の

20-5　ユグドラシル（写本、17世紀、アイスランド）

20-6　ウィリアム・ブレイク「ヤコブの夢」（19世紀）

世界、寒い奈落の世界をすべて支えている。山と同様に樹木も世界の中心軸のシンボルとなり得る。山中にあってあたかも樹木の一本でもあるかのような室生寺五重塔や、古代の常緑樹信仰の名残りであるクリスマスツリー、ドイツで春を祝して建てる装飾的な木としてのマイバウム（札幌の大通公園に常設されている）なども、こうした聖なる樹の類である。

20-6はウィリアム・ブレイクが「創世記」中の族長ヤコブのエピソードを描いたものである。あるときヤコブが聖なる石の上で眠りに入ると、天使が上り下りする様子が夢に現れた。ブレイクはこれをらせん

20-7　ジョルジョ・デ・キリコ「大きな塔」と「不安な旅」（20世紀）

形で描いた。らせん形もまたその独特な形態から天地をつなぐ聖的シンボルに似つかわしい。回転は貝の成長を思わせ、天に向かう上昇性がいっそう強調されるからである。先に見たアルムタワッキル・モスクのミナレットはまさしくらせん階段のような構造であった。

塔には陽根的（ファリック）なイメージもある。棒のようなその形状もさることながら、時代時代の建築技術の精華として権威と権力を露骨に見せつけるところが男性的だともされるわけである。20-7には参考としてジョルジョ・デ・キリコの「大きな塔」の絵と、塔とは逆に女性の暗示をもつアーケードの絵を並べた。キリコは塔とアーケードに「形而上」的な――つまり宗教的・神学的な――意味を見出していたようだ（キリコは自らの絵を形而上絵画（ピットゥーラ・メタフィジカ）と称していた）。

20-8　合衆国国章（18世紀）

20-9　建設中のエッフェル塔
(Bertrand Lemoine, *La Tour de Trois cents mètres*)

さて、城塞などの塔には監視塔の役割もある。これと天を衝く高さという要素を掛け合わせると、人間界を監視する「神の眼」のピラミッドのイメージが生まれる。20-8に示したのはドル札の裏側に描かれたアメリカの国章である。ラテン語 Annuit Coeptis は「(神は我ら合衆国民の建国の）試みを支持せり」、Novus Ordo Seclorum は「時代の新秩序」という意味である。アメリカ人の自信を示すものでも自戒を示すものでもある。

近代において宗教社会から世俗社会に変貌を遂げた欧米社会では、搭状建築は（科学的・産業的・社会制度的な）進歩の象徴ともなった。それをよく表しているのが20-9のエッフェル塔（パリ万国博の記念塔）やニューヨークの摩天楼だろう。

20-10　ピーテル・ブリューゲル「バベルの塔」（16世紀）

こうした象徴物は宗教原理主義者の恰好（かっこう）のターゲットにもなる。二一世紀になってすぐ、ニューヨークの貿易センタービルはイスラム過激派によって破壊された。ここにもバベルの塔の神話以来の、世俗の塔に対する宗教的不信感が作用しているのかもしれない。20-10はバベルの塔（前述のエ・テメン・アン・キに触発された聖書神話の塔）の建設の挫折を描いた有名なブリューゲルの絵である。これがらせん形であるのは太古のジッグラトとは無関係である。

第21章　聖なるランドスケープ――山水画と桃源郷

観念に枠づけられた山水画

現代絵画の世界では、たとえごみ溜めの風景でも、構図として面白ければ何でも作品になる。しかしそのようなタイプの絵が生まれたのは二〇世紀になってからだ。人類は先史時代から絵を描いてきたが、ほとんどの期間、人々は社会的に、観念的に「重要」と規定されるものだけをテーマに選んできた。人間は自然の恵みの中で暮らしているが、昔の人にとっては自然は単に当たり前の環境であって、高価な絵の具を使って絵に描くほどのものではなかった。中世の昔には絵画の多くは神や聖人を扱ったものであり、それは彫刻も同じだ。

西洋と違って中国では山水画というものが古くから発達していたが、別に中国人が自然の生態系をあるがままに受容し理解することに長けていたわけではない。中国人が山水を描いたのは、それがアニミズム的に重要な舞台だったからだ。東アジアの思想では、嫉妬深い唯一絶対神のようなものが世界を支配してはおらず、したがって山水に潜む神霊や魑魅魍魎（ちみもうりょう）をことさらに忌み嫌うこともなかった。他方、彼らは陰陽や道（タオ）や気のような中立的・抽象的な原理や物質が世界を仕切っていると考えていたので、自然界をかなり観念的な目で見ていたのである。

21－1は最も古い段階の山水画の名作である。五代（一〇世紀）や北宋（一〇～一二世紀）

21-1　山水画

「龍宿郊民図」（董源、10世紀、五代）

「谿山行旅図」（范寛、10～11世紀、北宋）

「早春図」（郭熙、11世紀、北宋）

のものだが、少なくとも今日まで残されている堂々たる山水画の名画はこの時代以降のものである。

まず左下の范寛（はんかん）の作品から見てみよう。このとんでもない絶壁を有する峨々（がが）たる岩山は、彼の住んでいた（今の）陝西（せんせい）省の実際の光景に近いものだったと思われる。他方、上の董源（とうげん）の絵に描かれた山はもっと低く、なだらかで、山頂が丸みを帯びている。筆の使い方も范寛とは異なる。こうしたスタイルは後代に中国南部で展開した文人画に受け継がれた。広大な中国大陸は地形の地域差も大きく、したがって絵に描かれる山水の姿にも、このように違いがあるのだ。また、范寛の作品は岩塊そのものをドンと提示しているが、董源の作品のほうは遠近法的であり、左の遠景の山々は霞の中に消えている。このような画風の違いは、画家が現実の自然の描写に取り組む中で自ずから生まれたものだろう。

右下の郭熙（かくき）の「早春図」は、理想の風景として描かれた模範的山水画である。構図はかなり図式的にできている。専門家の説明によれば、画家は全体を上下に三分割し、前景、中景、遠景を意識的に分けた。そして「平遠」（遠景の山を横から眺める）と「高遠」（メインの山を大きく見上げる）と「深遠」（山を重ねて描く、あるいは谷の奥行きを描く）という理念的な三つの山岳描写法をサンプル的に盛り込んでいる。下方に描かれる旅行者は「士大夫」すなわち君子であり、画家や鑑賞者自身が風景の中を歩いているという設定だ。郭熙自身、「君子は公の仕事があるので田舎の自然を楽しむことができない、山水画はそんな彼らのためにあるのだ」と論じている。

「早春図」が全体に幻想的に見えるのは、山を眠りから覚めてむっくり起き上がろうとしている巨人のように描いているからだ。この絵は早春の光景を写実的に描いたものではなく、「冬から春に向かう自然界の気が山を生み出した」というイリュージョンを描いたものなのだ。つまり心霊主義者には見える気の造形エネルギーを表現しているのである。

かようなわけで、山水画の鑑賞においては気の理解が重要である。絵が生き生きとしているとき「気韻生動（きいんせいどう）がある」と言う。「気」は透明な空気でも蒸気状の霞でも精神性を帯びた霊力でもあるような、そんな呪術的な観念である。

改めて范寛と董源の絵を眺めてみると、これらの絵にしてもやはり観念で描かれているところがあるようだ。范寛の絵は、「早春図」と同様に陽なる山と陰なる谷のセットになっているし、士大夫ではないようだが、旅人も描かれている。董源の絵は気球か飛行機ほどの高さから見下ろした光景である。いわゆる「鳥瞰図」だ。画家自身が天の眼、神の眼で見下ろしているのだ。

21–2　博山炉（前２世紀、前漢）

気のアニミズム

山水画をめぐるこうした中国的観念を理解するために、いくつか補足的な説明をしよう。

21－2は博山炉と呼ばれる漢代の香炉である。下半分は海の形となっており、上方に造られた山々の谷間から香がもくもくと出てくると、あたかも仙人の住む島が霞か気で覆われているかのように見える。博山は仙人の山を意味する。

博山炉は東方の海に浮かぶという仙人の島、蓬莱山を象ったものだとも言われるが、その蓬莱山を描いたのが21－3である。根元より上方が膨らんだ独特の形は、インド人の考えた須弥山の形にも似ているし、海岸から見た蜃気楼の形にも似ている。蓬莱山蜃気楼説というものもある（ちなみに蜃気楼という名は、海の大ハマグリあるいは架空の海蛇であるミズチとされる「蜃」が気を吐いて楼閣の形を現出すると考えられたからだそうだ。またしても気である）。

なお、V部の扉絵（一七五ページ）とした文伯仁の童画めいた「方壺図」は、蓬莱と並ん

21-3　蓬萊山（部分、蒔絵、12世紀、日本）

でやはり渤海の東に浮かぶという方壺を描いたものである。これは明代の絵だ。なお、この東の海にはもう一つ瀛洲という島もあり、三つ合わせて三山と呼ぶ。21-4は蘇州の太湖で採れる石灰岩の奇石、太湖石である。陽根的でありながら穴だらけであるという、この陰と陽の共存が愛好されて、中国式庭園にしばしば置かれている。これもまた蓬萊山と共通する美学をもっている。21-5の陰陽石は玉を細工したもので、スピリチュアルな深山に潜む仙境を彫り上げている。郭熙の「早春図」の谷に似ている。

一般に中国思想においては陰と陽の対照が大きな意味をもっており、山水画の場合も同様だ。なお、谷が女性性を象徴するということには、老子の『道徳経』にある神秘の牝としての「谷神」のイメージも響いている。「谷神は死せず、是れを玄牝と謂う。玄牝の門、是れを天地の根と謂う。綿綿として存するが若し。之を用うれども勤きず（谷の神は死なない。それは神秘の牝と呼ばれる。神秘の牝の門が天地の根源だ。細々とながら続いているので汲み出

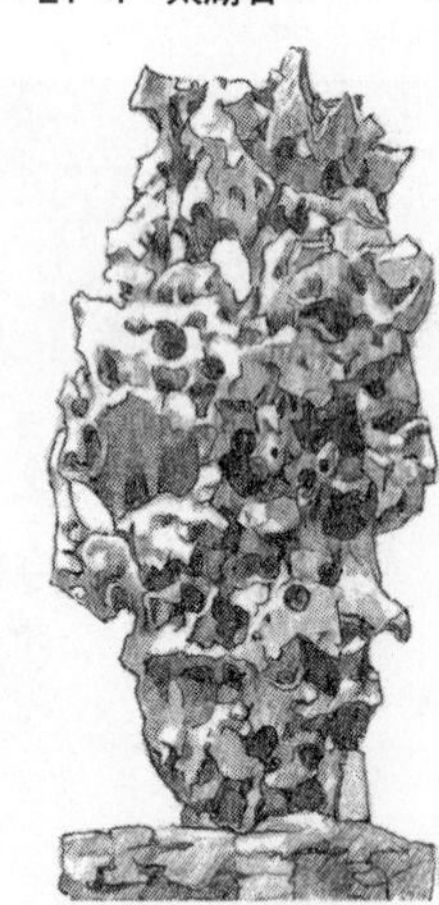
21-4　太湖石

21-5　陰陽石（18世紀、清）

しても尽きはしない）」（道徳経第六章）。

自然と身体との類比関係に関しては、男女の性がらみのイメージがすべてなのではない。中国医学とも関係するが、21-6の内経図（内景図）は、道教の経典に見られるもので、身体の内部の気の流れを外界の光景のように描いたシンボリカルな図である（身体は左を向いている）。体内の象徴的山水画である。一番下にいる童子と童女が水車を回して気のエネルギーを循環させているようだ。

21-7はいわゆる風水にとっての理想的なランドスケープを概念的に表した図だ。風水とは土地、家、ビルなどにおける気の流れをうまくコントロールするためのマジカルなテクニックである。風水は中国全土の大小の山脈を竜に見立てるという考えをもっており、山の途切れたところも竜は潜伏するようにしてつながっていく。この「竜脈」を生気が伝って

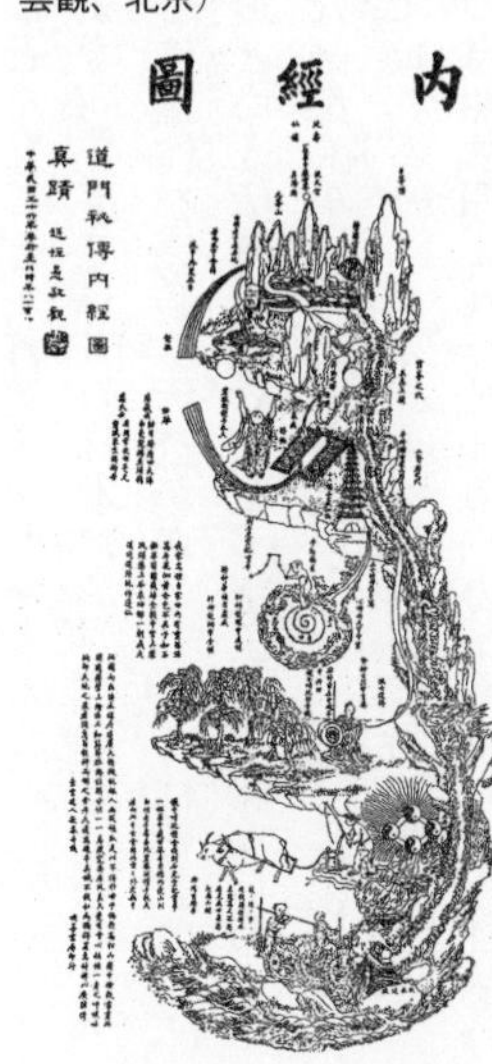

21-6　内経図（年代不詳、白雲観、北京）

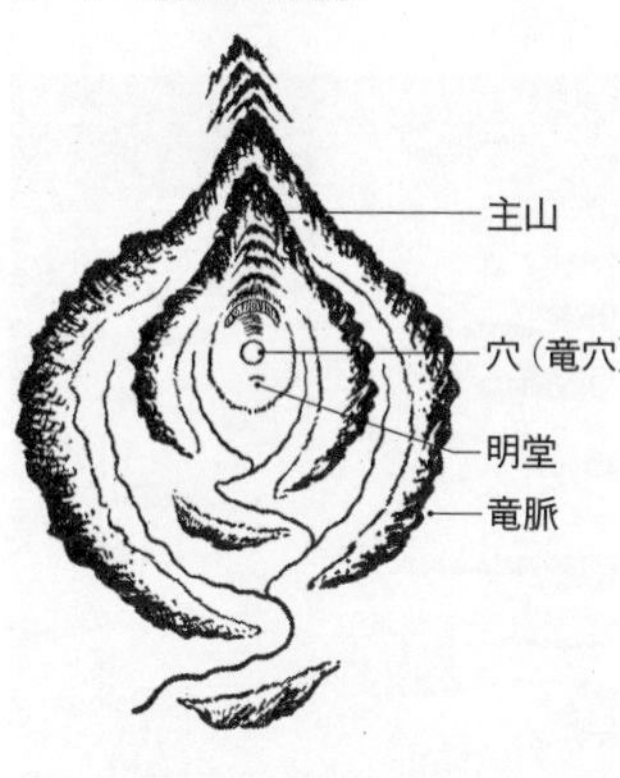

21-7　理想的な風水

いくという。で、最も遠くには西域に崑崙山（東の海の蓬莱山と並ぶ霊山である）があり、ここから大山脈たる太い竜脈が出発し、あとは水道管や電気の配線のように全国津々浦々まで分岐した竜脈がネットワーク状に張り巡らされる。そして各地にはローカルな小スポットがあり、そこの竜穴に生気が集中的に現れている。そのスポットの前に広がる土地を明堂と呼ぶが、これは竜穴のエネルギーを最も効果的に消費できる場所である。

ちょうどこの図のように解釈できる場所を見つけ出すことができたら、その場所こそ理想の小宇宙なのであり、中心には竜穴と明堂があるのだ。

ともあれ、山水画の描く山というのは潜在的に竜なのである。絵巻物のように長々と横に続く山水画もあ

21-8　富士参詣曼荼羅図（狩野元信、16世紀）

るが、全体に一大山脈としての竜脈が通っているわけだ。

自然的風景の理想化

山水画をもっている中国の伝統は風景やランドスケープの「霊性」に関するエキスパートだと言えるかもしれないが、それはそれなりに特異な歴史的伝統なのであった。では、中国を離れてはどんなことが言えるのだろうか。

まず同じ東アジアの日本だが、神道そのものがアニミズム的色彩が強く、山、森、島、滝などに霊性を感じる伝統がある。それは密教によっても補強され、行者が山野を駆け巡る修験道という伝統も成立した。富士を竜脈ならぬカミそのものとして拝む富士参詣曼荼羅のような図像も生まれている（21-8）。神社境内に築山の富士山を設けることも流行した。現代では「パワースポット」巡りが流行しているが、人為的な修行の場である寺院よりも、里山の自然に囲まれた神社境内のほうが自然崇拝的な意味でパワーを感じやすいものと見える。

21-9「スタルハイムからの眺め」（ヨハン・クリスチャン・ダール、19世紀）

欧米ではどうか。近代西洋のロマン主義は人々に「自然の発見」を促した。21－9は一九世紀のノルウェーで国民的画家と謳われたクリスチャン・ダールのノルウェー風景画である。自然の賛美でも国土愛の発露でもある。エドガー・アラン・ポーの短編「アルンハイムの地所」（一九世紀）のような桃源郷的風景を描いた小説にも時代の兆候が窺える。

「自然の発見」は二〇世紀半ばからの宗教的ポップカルチャー（ニューエイジ）においても強化された。ここでは一神教的な救いよりも癒しを強調し、癒しのパワーの源泉を自然に求める傾向が強い。六〇年代以降急浮上した生態系の概念や環境保護の思想もこの傾向を後押しした。

六〇年代に大学教授からヒンドゥー教のグルになったユダヤ系アメリカ人ラム・ダスの著した『ビー・ヒア・ナウ』というスピリチュアル・ガイドには、大自然の中で人々が大地と太陽を賛美している様子を描いたイラストがある。薪割りや水汲みのような日常的行為の中に宇宙のハーモニーへの帰順があると謳っているのだが、都会生活よりも田舎の暮らしのほうがいっそう霊的と思われていることは間違いない。このような形の自然賛美は今日のニューエイジ文化にも脈々と受け継がれている。日本のパワースポット巡りもその派生的現象である。

PART Ⅵ

根源的驚異と畏怖の喚起

エドヴァルド・ムンク「叫び」（19世紀、ノルウェー）

第22章　原初の怪獣――レビヤタン、ドラゴン、竜

宗教は日常性を超えるものについて語る。神霊、奇跡、救済はみな常識を超えたものだ。VI部では自然の脅威の形象としてのドラゴン、天地開闢（かいびゃく）の神秘、死と終末の神話をまとめて取り上げよう。いずれも恐怖と畏怖の念を喚起するものである。

ドラゴン、ナーガ、竜

暴風雨、洪水、津波、地震、噴火は自然的脅威の最たるものだが、これらはみな世界終末の神話に登場する。逆に天地創造物語も、一種の洪水状態から始まることが多い。ノアの洪水などは、天地創造のやり直し、再起動の神話である。

他方、神話の語る自然の脅威ないし驚異の典型は、各種の怪物である。そうした怪物には、幾分か暴風雨など自然災害の象徴のようなところがある。スサノヲが退治したヤマタノヲロ

チには、洪水を起こす暴れ河の面影があるという意見もある。首が八つもあるのは、たしかに低地で盛んに分岐してのたうちまわる川に似ている。

ヲロチもまたその一種ということになるだろうが、怪物的存在の最大のものは、なんといっても竜だ。しかし、世界各地にある竜の神話を見ていくにあたっては、注意しなければならないことがある。というのは、果たして世界中の竜的怪獣が本当に「竜」という一個のカテゴリーをなしているのか、甚だ怪しいからである。実際、西洋のドラゴンとインドのナーガと中国の竜はかなり違う生き物だ。

西洋のドラゴンの形状は爬虫類（はちゅうるい）タイプ（四本足）あるいは鳥類タイプ（二本足＋二枚の翼）、そして両方が合わさったようなペガサスタイプ（四本足＋二枚の翼）と色々ある。大きさは犬並みから恐竜並みまであり、翼は中世以降コウモリ型になった。しかしドラゴンという言葉自体は蛇の名称に由来する。睨みつけることを意味する語の変化形であるドラコンが、じっと獲物を睨む蛇を指す言葉の一つになり、それがなぜかトカゲ状の怪物の名称に転じたのだ。西洋のドラゴンは洞穴などに隠された宝物を守って周囲を睨みつけているから、そういう意味合いからの転用であろうか。西洋のドラゴンはわりに乾いたイメージで、口からボーッと火を吹いたりして、出会った者は水難よりも火難に遭う。

インドのナーガは漢語で「竜」と表記されるが、実際には中国の竜には似ていない。西洋のドラゴンにも似ていない。実際これはコブラを意味しており、図像的には人面蛇身に描かれる。多頭の蛇として描かれることもある。釈迦の修行中に天蓋の代わりを務めたとも言われ、ヒンドゥー神話ではヴィシュヌ神に対して同じことをしている（10-6）。ナーガの中でもとくに大きくて降雨の恵みをもたらすなど神様めいているのがナーガラージャ（竜王）である。そして海底や湖底にあるナーガラージャの宮殿が「竜宮」だ。いずれにせよインドのナーガは水のイメージと切り離せない。このあたり、中国産の竜と共通するところがある。中国の竜は爬虫類の王様のような存在だが、絵ではだいたい蛇のように長くて四足を持ち、頭のあたりに鬣（たてがみ）や髭や角など色々なものがついていて複雑な顔立ちをしている。中国の空想世界には饕餮（とうてつ）（第17章参照）など、画数の多い漢字にも似た複雑な姿をもつ様々な不思議な生き物が色々登場するが、竜（もとの漢字は龍）はその典型だ。中国の竜には高貴なイメージがあり、地上と天界を結ぶ働きをもっている。そのためもあって、中国の皇帝は竜をシンボルとしている。怖い存在であるには違いないが、恐怖よりも畏怖の感じだ。自然の驚異・脅威が神へと高まったような存在である。

なお、四方位を示す青龍（せいりゅう）（東）、白虎（びゃっこ）（西）、朱雀（すざく）（南）、玄武（げんぶ）（北）の「四神（しじん）」というものがあって、このセットの中では竜は東方を占める（なお、それぞれに色彩があてられており、朱は赤を、玄は黒を意味する。中央の大地は黄色だ。朱雀というのは鳳凰（ほうおう）に似た神話的な鳥である。

玄武は亀と蛇が組み合わさった奇妙な動物で、インド神話でも天地を支える怪獣の中に亀と蛇が出てくるので、影響関係があるのかもしれない）。

22-1　円筒印章に彫られたマルドゥクの竜退治？（前8世紀、メソポタミア）

中東・西洋の怪物的形象から

22-1はメソポタミアの円筒印章を土に刻印したものだが、長々と伸びた竜のようなものが描かれている。バビロニアの天地創造神話「エヌマ・エリシュ」によると、英雄神マルドゥクは原初の塩水の女神ティアマトあるいはティアマトが生み出した怪物を殺害する。印章はその様子を描いたものであろうか。ティアマトは聖書の「創世記」の描く原初の深淵テホムに相当するとも言われる。マルドゥクはティアマトを魚のように二枚に開いて片側を天、片側を地にして天地創造の偉業をなした。聖書の神もまた、原初の深淵を下方の水（すなわち海）と上方の水（すなわち雨の源泉）に分けた（「創世記」一章）。この上方の水を下方に解放するといわゆるノアの洪水とな

22-2　ピエロ・ディ・コジモ「アンドロメダの解放」（部分、16世紀）

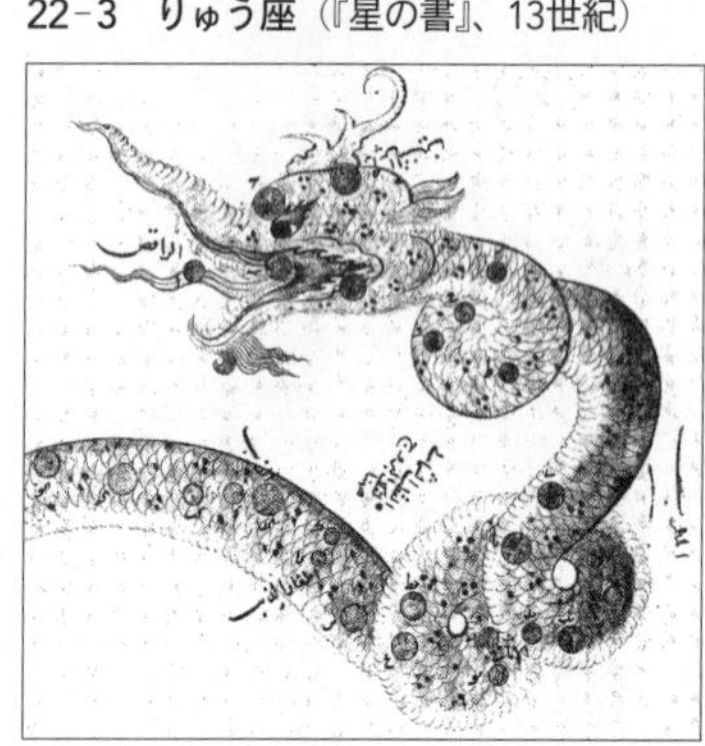

22-3　りゅう座（『星の書』、13世紀）

って、世界は原初の混沌の海に復帰する。

　ギリシア神話の英雄ペルセウスは海の怪物ケートス（ケートゥス）を退治して、生贄になりかかったアンドロメダ王妃を救う（スサノヲがヤマタノヲロチを退治して生贄のクシナダヒメを救ったのに相当する神話だ）。そのケートスを描いた古代の壺絵などを見ると、ジョーズと竜のあいのこのような形をしている。しかし泰西名画では22-2のようなセイウチの要素をもつ面妖な怪物として登場し、しかも天空では「くじら座」となって、同様の正体不明の姿で星座図などに描き込まれた。これもまたドラゴンの傍系の怪物である。

　ギリシアの神話世界には他にも竜的な存在があった。今日「りゅう座」となっているラードーンという怪獣もその一つだ。ヘラクレスが退治したものとされている。22-3はアラビアの古文書に描かれた天空の「りゅう座」の図像である。

ドラゴンは異教から一神教に宗教が入れ替わっても、ローカルな怪物として生き続けた。キリスト教の聖人、聖ゲオルギオスはドラゴン退治で有名だ。かつてドラゴンを退治するのは英雄であったが、中世には聖人の仕事となった。22－4は聖ゲオルギオスとドラゴンを描くモスクワの市章である。この神話は（聖ゲオルギオスを守護聖人とする）ジョージア国からロシアや西欧各国まであちこちで人気を集めている。他方また、新約聖書の「ヨハネの黙示録」ではドラゴンは終末決戦において大天使やキリストと対決する悪魔となっている。22－

22-4　聖ゲオルギオスのドラゴン退治（モスクワ市章）

22-5　黙示録の竜と獣（ベアトゥス『黙示録注解』ファクンドゥス写本、11世紀）

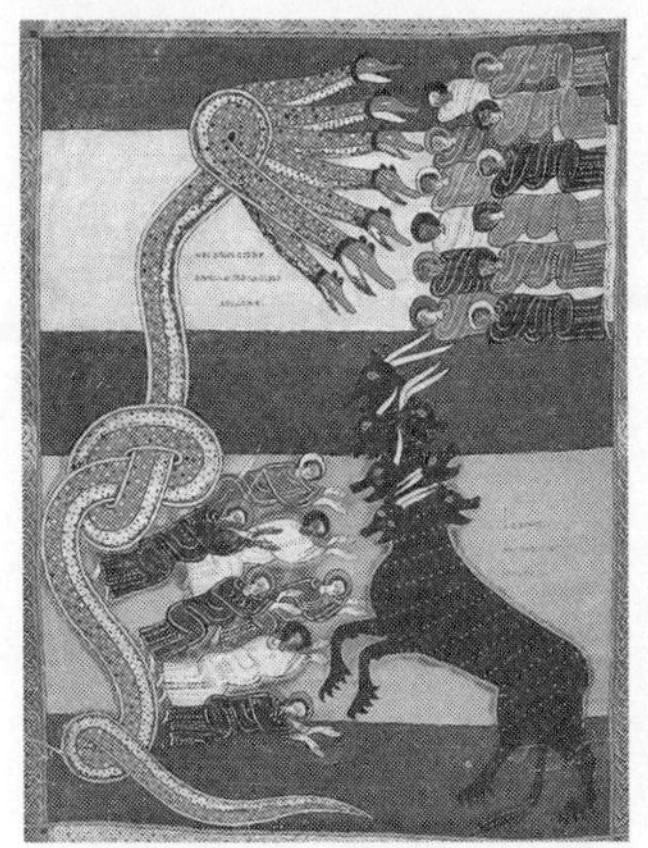

22-6　ベヘモットとレビヤタン（ウィリアム・ブレイク「ヨブ記」から、19世紀）

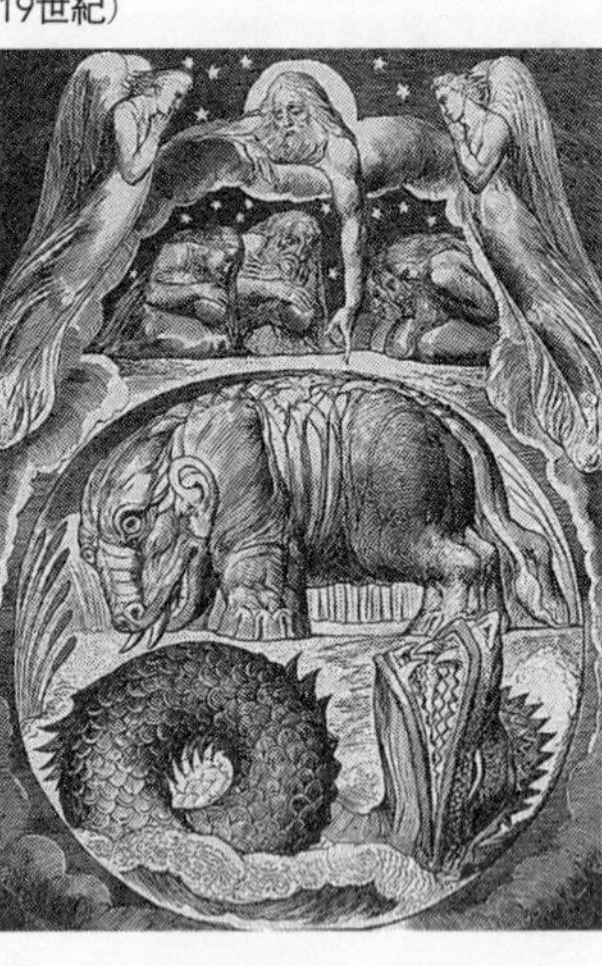

5の中世の写本の挿画は「黙示録」の場面として、七つの頭をもつ「竜」すなわちサタンと、そのサタンから権威を与えられたやはり七つの頭をもつ豹（ひょう）と熊と獅子を合成したような「獣」を描いている（なお、「黙示録」にはさらに二本の角をもつ「獣」が登場し、あらゆる者に六百六十六を表示する文字を刻印したという。この数字はキリスト教徒を迫害したネロ皇帝を意味する暗号だと言われている。数字としても用いられるヘブライ文字でネロ皇帝と書いて数値を足すと六百六十六になるからである）。

22-6の世界を表す円形の中に描かれた二匹の怪物は、旧約聖書の二大怪獣である地上のベヘモット（河馬の形の怪獣）と海上のレビヤタン（リヴァイアサン）である。堅い鱗で覆われた巨大にして最強の生物とされるレビヤタンはほとんど竜と言っていい。

中国の聖獣から

22-7　東アジアの竜（『華厳宗祖師絵伝』、13世紀、日本）

22-8　孔子生家に出現した麒麟（『聖蹟図』島津家久本より、17世紀）

先に述べたように、中国の竜は地上と天界を結ぶ高貴な存在である。これに仏教系の竜ないし竜王のイメージが重なって、竜は水の恵みを垂れたり、西洋のドラゴンとは違った方向にイメージが展開している。22-7では船の案内役を買っているが、伝説によれば、これは新羅から中国に来た留学僧が故国に帰るにあたって、ある娘が化身して船を守護する竜になったのだという。恋心なのだか求道心なのだかよく分からないが、ともあれ、竜は仏法を守護する（僧安珍を追いかける清姫の話に似ているが、清姫の場合は完全な恋の妄執であり、竜ではなく蛇身となる）。

22-8は竜ではなく麒麟の絵

である。爬虫類系が竜で、鳥類系が鳳凰で、地上の獣の系統がこの麒麟である。鹿の角、馬の蹄、牛の尾をもち、全体の形状は鹿に近いが、顔立ちは竜に似て、体に鱗(うろこ)もある。アフリカ産のきりん(ジラフ)とは何の関係もない。すばらしい為政者の治世に出現する瑞獣であり、孔子の誕生の前にも孔子の母の前に出現したと言われる（孔子は精神界の王となるという予兆だ）。また、孔子の晩年に死んだ麒麟が発見され、孔子は世の末であると慨嘆したと伝えられる。

様々な精霊、デーモン、妖怪、幽霊

ドラゴンや竜を含む恐るべき怪獣が自然の驚異と脅威の象徴として宗教的想像力の一角を占めているわけだが、Ⅲ部で見た様々な神々や菩薩や天使の類もまた、そうした一群に属していた。たとえば13‐3のエゼキエルの幻視したケルビムないし天使の戦車など、その奇怪な感じは竜やドラゴンの面妖な形状に近いものがある。仏教は竜王を乾闥婆(けんだつば)、緊那羅(きんなら)、摩睺羅迦(まごらが)など第13章で扱った天使的な存在と同類としている。これら傍系の系譜の延長上に天狗や烏(からす)天狗といった異形のカミガミが続き、さらに妖怪やお化けの類が並ぶことになる。本書では世界各地のマイナーな怪物的存在やお化けの類を見ていくことは省かせていただくが、日本に豊富な妖怪や付喪神(つくもがみ)についてだけ、ちょっと触れておこう。日本ではこうした形象を扱う民間信仰の世界が神道など公式の宗教と切り離しがたい形で広がっているからだ。

22-9　百鬼夜行図（部分、東京国立博物館蔵、19世紀）

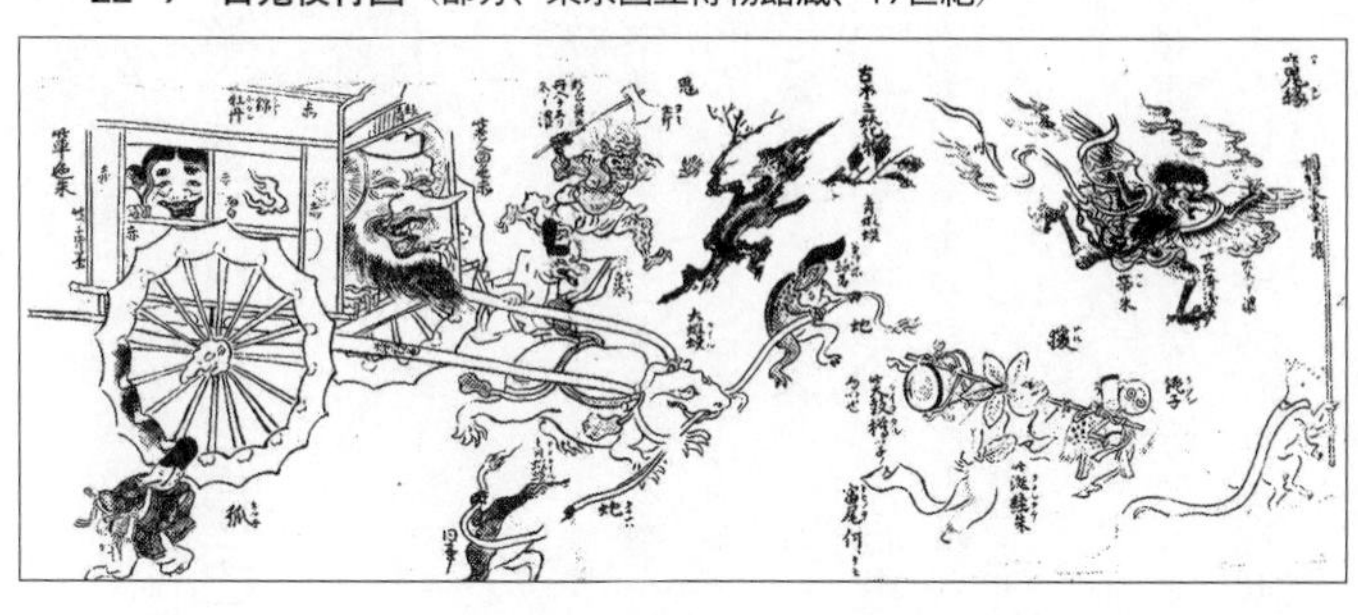

22-9は各種ある「百鬼夜行絵巻」の一つからの転載である。妖怪めいたものの出現は『今昔物語集』あたりから始まってあちこちで語られているが、それを絵巻にしたものも室町から江戸を経て明治に至るまで描かれている。いや、『ゲゲゲの鬼太郎』などの世界へと受け継がれ、今も健在だ。獣の姿をもつ魔物も、器物が変化してカミが宿った付喪神もある。この絵で面白いのは、牛車の窓いっぱいの大きな顔の妖怪だ。宮崎駿監督の『ハウルの動く城』では荒地の魔女が輿の窓いっぱいの顔を見せているが、ここからインスピレーションを得たものだろうか。ちなみに宮崎アニメが造形したトトロは長寿の楠の霊であるというが、個人的創作物でありながら日本的スピリチュアリティの代表のようになっている。

第23章　世界と自己の起源——天地創造と輪廻する主体

天地創造神話

宗教はすべて自己の根拠を問うものだという考え方がある（今・ここにいる私の究極の始原は何か？　究極の原因は何か？　究極の拠り所は何か？）。私の始原を問う思考は、個人的な限界を飛び越えて世界そのものの始原を問う思考に流れていく。そうだとすれば、宗教の神話の究極の姿は天地創造の語りということになる。

物事の始まりを語るのは容易ではない。始まる前の様子から語りたくなるが、始まる前があるのであれば、それは真の始まりではない。始原の材料を語るのも問題がある。材料が出揃っているなら、やはりそれは真の起源とは言えない。始まりに号令をかけた神を持ち出すのも危険だ。神がいるならその神の起源を問う必要が出てくる。神は起源なしに自然と存在するというのであれば、なぜ宇宙そのものが自然と存在すると考えてはいけないのかが分か

23-1　聖書の天地創造神話（「サラエヴォ・ハガダー」、14世紀）

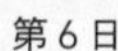

らなくなる。

創造神話はどのようにしても矛盾から逃れられない。ともあれ、どんな類型があるのか見てみることにしよう。

「創世記」の場合

23－1は旧約聖書「創世記」にある六日間の天地創造を描いたものである。聖書は「初めに神は天と地を創造された」という一文から始まる。

上段右端の絵は、原初の状況を描いたものだろう。湯気のように見えるのは「神の霊」であり、下にあるのが「混沌」と形容される「深淵」ないし「水」だ。

その左隣は一日目の神の業（わざ）である。神は「光あれ」と言う。すると光がある。

神はそれを見て満足する。光の誕生は光と闇との分離でもあり、神は光を昼、闇を夜と名づける。つまりこれは時間の創造でもある。かくして一日が経過する。

物語は基本的にこのパターンの繰り返しだ。——神が何か言う。それが実現する。神は満足する、あるいは名づけを行なう。一日が経過する。

二日目には中空をはさんで下の海と上の水との二種の水の塊が生まれる。上の水は雨の貯水槽である（貯水槽の蓋を開けることでのちのちノアの洪水が引き起こされる）。原初の深淵の分離のモチーフは、バビロニア天地創造神話の原初の塩水ティアマトの分離のモチーフと関係があるとも言われる（前章参照）。

第三日。海の中に陸塊が出現する。陸塊にはのちに生まれる動物のための食糧が付属している。つまり大地に生えた草や果樹である。

第四日は日月星辰、第五日は空と海の動物、第六日は人間を含む地上の動物の創造である。四日目に太陽と月が生まれるまで、どうやって日を数えたのかというのが昔から問題であった。一般に創造神話では日月は物語の途中で生まれることが多いので（たとえば第16章で見たインドの乳海攪拌の神話でも攪拌の途中に日月が生まれている）、その名残りだと考えられるだろう。

かような次第で、最初の三日で天地の舞台（時間、空と海、陸）を整備し、続く三日で生き物（日月星辰、空と海の動物、陸の動物と人間）を造り上げた神は、七日目に休息する。聖書の天地創造神話はユダヤ教の安息日（一週間に一度の労働停止日）を根拠づける神話なのだ。「創世記」ではこれに続いて原初の男女（アダムとエバ）の失楽園の神話が語られる。男女の登場の仕方は、「創世記」一章では男女→動物であるが、二章では男→動物→女の順である。ここにも矛盾があるわけだが、「創世記」は由来の異なる物語を合成して作ったものなので、ところどころ辻褄が合わないのである。

なお、一九世紀に至るまで聖書の信者の大多数は天地創造神話を物理的・生物的・歴史的な意味で字義通りに受け取ってきた。一七世紀の神学者ジェイムズ・アッシャーは旧約聖書の物語の年代を計算して、世界は紀元前四〇〇四年一〇月二二日に始まったと算出した。今日、米国に多いプロテスタントのファンダメンタリストは、今でも「創世記」を字義通りに奉じ、宇宙の年齢を約六千年と見積り、したがって宇宙物理学も生物進化論も考古学も虚構として退けている。

ファンダメンタリストは、公教育の生物の授業を「公正」なものにするためと称して、生物進化論と並行して聖書の天地創造説（「神」と呼ばず「知的設計者」と呼ぶが）を教えるべきだと主張する。カンザス州でこの主張が通りそうになったとき、それを阻止せんとしたボビー・ヘンダーソンという人物が「公正を求めるというなら、空飛ぶスパゲッティ・モンスターによる天地創造説も教えるべきだ」という論陣をはった。聖書の天地創造説もスパモンによる天地創造説も論理的にはまったく対等である。片方が通るならもう片方も通る。片方を荒唐無稽とするなら、もう片方も荒唐無稽としなければならない。この試みは功を奏して、ファンダメンタリストの教育干渉は阻止された。

23-2にミケランジェロ作の荘厳なる「アダムの創造」と、人を喰ったようなスパモンによる「アダムの創造」を並べてある。

23-2　聖書の神話と無神論

「アダムの創造」（ミケランジェロ、16世紀、システィナ礼拝堂、イタリア）

「神の麺なる手に触れて」（ニクラス・ヤンソン、21世紀、スウェーデン）

様々な創造神話

ヒンドゥー教の聖典の一つ、『リグ・ヴェーダ』には、複数の異なる天地創造神話が記載されている。祈禱（きとう）の神ブラフマナスパティが——あるいは全方位に向かう手足と眼をもつヴィシュヴァカルマンが——宇宙を鍛造したという説、プルシャと呼ばれる原初の人間を生贄として解体して宇宙や人間の材料としたという説、宇宙の起源を黄金の胎児に求める説、そして無とも有とも語りがたい何ものかから宇宙が生まれたという思弁的な説である。インド発の創世神話はまだ他にもある。よく知られたものに、「宇宙卵」から世界が生まれるというビジョンがある（23-3の左）。

世界を生む卵の神話はインド以外にもよくある。たとえばフィンランドの叙事詩『カレワラ』はまさにそうした卵を孵（かえ）す物語から始まっている。先ほど紹介した「創世記」の神話でも、原初の水の上で「神の霊」が「動いていた（メラヘフェト）」とあるが、これは鳥が卵を覆ってはぐくみ孵（かえ）す動作を暗示する。神が宇宙卵を覆うという古代中東神話の影響かと言われる。

23-3の右上の絵は、北米先住民ナバホ族の砂絵に描かれる神話的モチーフで、父なる天と母なる大地の性的合体に世界の起源を求めている。男女神の交わりによる創世の神話もまた、世界各地にある。ポリネシア神話では、抱擁する父なる天空ランギと母なる大地パパのあいだに世界が生まれる。エジプト神話では、天空の女神ヌートと大地の男神ゲブが交わる。

23-3　様々な創造神話

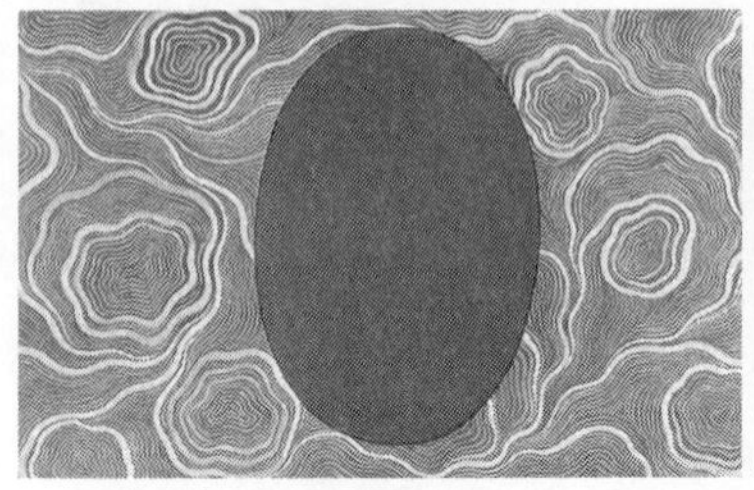
原初の卵（18世紀、インド）

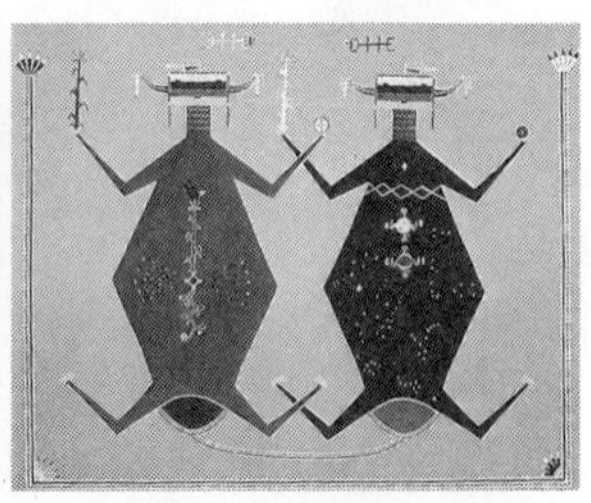
ナバホ砂絵：天地の結婚（20世紀、アメリカ）

盤古（『三才図会』、17世紀、中国）

日本神話のイザナキとイザナミもセックスを通じて日本の国土を産んでいる。

創世神話で比較的多いパターンの一つは、原初の巨人の解体による世界の創出である。右下の絵は中国神話が語る巨人「盤古（ばんこ）」を描いたものだ。この巨人の成長とともに宇宙が成長し、その死によって山川など様々な自然物が生まれる。北欧神話ではユミルという巨人を屠（ほふ）ることで、その肢体から世界が造形される。「リグ・ヴェーダ」のプルシャ解体も同様のモチーフだ。人類は非常に長いあいだ狩猟採集によって暮らしてきたのだから、日常的に行なっていた動物の解体が天地創造のモデルとなってもおかしくはない。

天地創造のない神話

あらゆる概念的把握を超越したところに真理を求める禅では、物語的に語られた天地創造にはこだわらない。禅語の「父母未生以前」は、自分が誕生しておらず、それどころか父母すらも未だいない時を意味する。そんな時に自己はどこにあったのか、と禅は問う。首を捻ってそんな時のことを空想しても得られるものは何もない。「創世記」から宇宙卵神話まで、あらゆる創世の概念的把握を忘れて、「今・ここにある自己とは何か」を問わなければならない。逆に言えば、自己の発見こそが、天地の始まりなのである。

物事の始まりを歴史的過去にではなく形而上学的な本質に求める思考としては、23－4に示した太極の思想がある。易の世界観では、太極なるものから陰陽の二大原理が生まれ、八卦や万象が生まれる。木火土金水の五行も展開する。始原の太極を無極と捉えることもできる。全体としては陰陽が強調されているので、男女神の結合による天地創造神話に近いところもある。

23-4　太極図

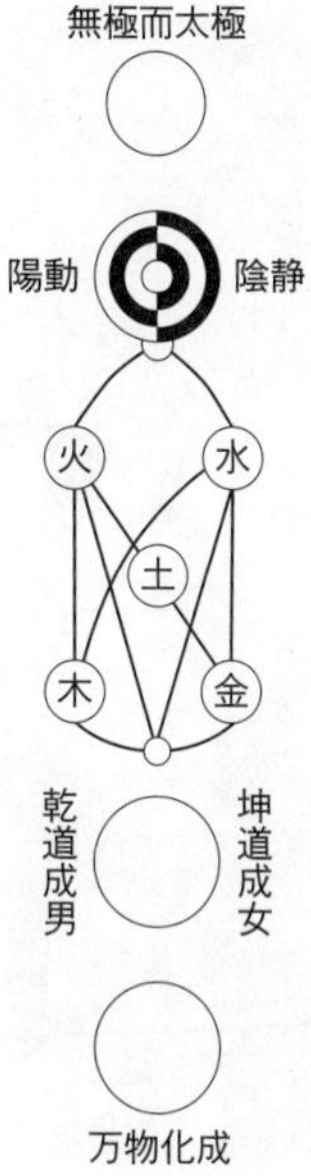

東洋の思想家は現象界を超越するようなことばかりを語っていたわけではない。とくに仏教には、輪廻といって、自己が永遠の過去から永遠の未来まで永

23-5　六道輪廻

続的に存続するという神話がある。

23‐5は大乗仏教の通説である六道輪廻神話を示したものである。地獄界とは、その前の生において悪行を尽くした者が生まれなおす懲罰的な空間だ。餓鬼界は食物がなくて苦しむ空間である。畜生界は熾烈な生存競争の世界だ。阿修羅界は闘争心を持て余す鬼神として生きる世界。人界は我々の知る、苦しみも楽しみもある世界。天界はヒンドゥー教の神々の世界であり、望ましい空間である（ただしこの世界に永続的にとどまることはできない）。

あらゆる衆生（生物）は、これらの六種の生存空間――比較的悪い地獄界・餓鬼界・畜生界の三種と、比較的ましな阿修羅界・人界・天界の三種――の中を生存し続ける。

お気づきのように、この輪廻の世界観においても、天地創造や世界の終末は基本的に意味をもたない。始まりなく終わりなく、世界はただ延々と存続し続ける。誕生も死も隣の部屋へ抜けるドアに他ならないからだ。

第24章　死と終末——洪水、劫火、闇と光

審判、天国、地獄

太古の宗教は、死後の世界に関する確固たるビジョンをもっていなかった。たとえばギリシアの標準的な神話では、死者は現世の延長のようなハーデース（冥界）に赴き、淡い生の状態に留め置かれる。そこは暗がりであり、楽しみのない場所であるが、死者たちは懲罰を受けるわけではない。つまり冥界は地獄ではない。といって天国というわけでもなかった（神々に逆らった者たちの行くタルタロスという特殊な懲罰空間と、英雄が赴くエーリュシオンという特殊な楽園はあったようだが、あくまで例外な挿話でしかない）。

古事記の語る黄泉（よみ）もギリシアの冥界と似ており、旧約聖書のシェオル（陰府（よみ））と呼ばれる空間も同様である。意外に思われるかもしれないが、旧約聖書には天国も地獄も書かれていない。懲罰と褒賞があるのはあくまで現世においてである（たとえば大洪水のとき、義人ノア

は箱舟に乗って助かり、他の悪人どもは溺れ死ぬ。これは一種の審判である）。

来世の審判のビジョンは、紀元前のエジプト神話、ゾロアスター神話、東方ではヒンドゥー系のウパニシャッド哲学、仏教説話において明確なものになった。

インドでは自業自得の輪廻説が確定した。善き生を送った者には善き来世が、悪しき生を送った者には地獄や畜生などの生を含む苦しき来世が待っている。来世の次には来来世があり、生が延々と続く。いつまでも生きられるのは有難いが、苦しい生のほうがどうやら多いらしく、インド人は輪廻からの解脱をしきりに願うようになった。

大乗仏教の浄土信仰は、輪廻空間の一種である浄土（極楽など）に生まれ変わる（往生する）という仏教としては変則的なプログラムをもっている。苦しみ多き輪廻において浄土は一種の緊急避難所となり、そこで修行を積んで解脱するのである（ただしはるか後世、日本などではこの浄土を究極の救いという風に捉えるようになった）。

新約聖書の「ヨハネの黙示録」は世界終末における審判のビジョンを取り入れた。世界はやがて終結し、キリスト再臨など色々な出来事が起きたのち、善き者は「新しいエルサレム」すなわち天国へ、最後まで悔い改めぬ者は「火の池」すなわち地獄に落とされる。終末前に死んでしまった者も、いったん甦って、お裁きの場に立つのである。他方、「ルカによる福音書」では、死者は死んですぐに楽園や奈落に赴くものとされている。つまり個人の死後と世界の終末の二段階の審判があるわけだ。なかなか複雑である。

一三世紀以降の西方教会（カトリック教会）は、死者の大半は死後煉獄に行って火で浄化され、その後最後の審判において天国か地獄かに振り分けられると考えるようになった（第14章参照）。しかし東方正教会と一六世紀に誕生したプロテスタント諸教会は、煉獄説を聖書に典拠なしとして退けた。宗派による違いという点でも死後は複雑化している。

イスラム教で来世（アーヒラ）と言えば終末後の楽園と火獄を指す。こちらの場合も、死者は死後すぐに一種の楽園状態と一種の火獄状態に置かれると想像されるようになった。

古典的大宗教がいずれも死／終末を倫理的審判の場と捉えるようになったのは、これらの宗教が部族的宗教の掟を超えた普遍的倫理を提唱するようになったことと関係がある。部族社会の人々はローカルな掟と習慣を守ってローカルな冥界（先祖の国など）に行く。しかし部族社会が壊れたところに成立した大宗教においては、個人は部族を超えた倫理に従わなければならない。欲望を抑え、万人に慈悲を示し、貧者を救い、部族間抗争を超えた平和を目指すのである。このように規範のスケールが大きくなったので、褒賞と懲罰のスケールも大きくなったわけだ。黄金の天国や地獄の釜茹（かまゆ）でなどは、規範遵守が困難であることの漫画的な表現だと思えばいいかもしれない。

近代化が進むにつれ、先進国では宗教は主流の社会規範ではなくなった（人々は科学や国家の法律や哲学的な倫理に従うようになった）。これに応じて宗教的来世観も希薄化した。社会的怨念や神の復讐を唱えることは上品なこととはみなされなくなり、宗教信者も地獄をあまり語らなくなった。人々の多くは死後は漠然とした安らぎの世界に向かうものと夢想し、それを天国と呼んでいる。安らぎの世界は大自然の懐である場合もある。単に無とも呼ばれる。あるいは地獄抜きの気楽な輪廻転生を夢見る人もいる。

図像から

24－1は死後と終末後の審判のイメージである。古代エジプト宗教では、人間は死後にオシリスの法廷で裁かれる。そこをクリアできれば楽園に行ける。そのためには審判の場で項

24－1　死、終末、審判

死者の魂を計る（「フネフェルのパピルス」、前13世紀、エジプト）

審きの橋を渡る（年代未詳、イラン）

最後の審判（伝ボッシュ「七つの大罪と四終」、15世紀？）

目ごとに「私は殺人（・盗み・不倫……）をやっていません」と滑らかに申告する必要がある。その手続きを詳細に描いたガイドが「死者の書」と呼ばれるものだ。図では死者の心臓と真理の女神の象徴である羽とが天秤（てんびん）にかけられている。天秤が均衡を破れば、傍らにいる怪物が心臓に食らいつく。

真ん中のゾロアスター教の絵にも天秤が登場する。しかし、画中の右上に描かれるように、ゾロアスター教の審判は細い橋を渡るという試練の形を普通はとる。悪人は橋でバランスを崩して落下する。

ゾロアスター教には死後の裁きと終末の裁きの二重の審判のビジョンがあるが、キリスト教やイスラム教はこのパターンを受け継いだ。下の絵は世界終末の日、キリストの再臨とともに最後の審判が始まるところを描いたものだ。死者が地面からゾンビのように甦っている。

個人の死と世界の終末はイメージ的に容易に重なる。24-2はジェームズ・キャメロン監督映画『タイタニック』（一九九七年）のシーンである。タイタニックが沈むときトーマス・バイルズという神父が甲板上で人々の告解を聴き赦しを与えたと伝えられている。映画のこのシーンでは、バイルズ神父は「黙示録」の終末のくだりを読み上げている。タイタニックの沈没は世の終末ではないが、死ぬ者たちにとっては死も終末も同じだ。しかも船という一集団世界の消滅という点で、沈没は終末に似ている。「黙示録」によれば、終末において古

24-2　沈むタイタニックで「黙示録」を読み上げるバイルズ神父（キャメロン監督『タイタニック』のシーンから）

い世界は取り壊され、「もはや海もない」という状態になる（「黙示録」二一章）。終末は天地創造の再現でもあるのだ（ノアの洪水もまた天地創造の再現であるから、創造、洪水、終末がトリプルイメージとなる）。映画では沈没の途中で船の最後尾が持ち上がり、海上を漂う救難ボートの人々の面前に巨大なスクリューが不気味な怪物のような姿を見せるが、これはレビヤタンなど原初の怪物の出現を思わせる（第22章参照）。

さて、言うまでもないことだが、地獄の劫罰の一般的イメージは水攻めではなく火攻めである。24－3にキリスト教、イスラム教、仏教の地獄の火のイメージを示した。火事の恐ろしさは経験上よく分かっているし、古代には火刑もあったから、最も凄惨な苦しみといえばやはり火（あるいは熱湯）だったのだろう。

天国の一般的イメージは、平和な楽園でないとしたら光り輝く世界だ。24－4のボッシュの絵は死者の魂が闇を抜けて光の世界に向かうところである。天国の奥義は神の姿

24-3　地獄の火炎

キリスト教（メムリンク「最後の審判」、15世紀）

イスラム教（ペルシア写本挿画、15世紀）

仏教（『地獄草紙』東京国立博物館本、12世紀）

24-4　至福者の国

闇から光へ（ボッシュ「祝福された者の上昇」、16世紀）

都市的天国（メムリンク「最後の審判」、15世紀）

を見る「至福直観」にあるとされるが、神との遭遇を視覚的に表すとしたら至福の中の光輝しかない。ギュスターヴ・ドレの『神曲』のエッチングでも、

「天国篇」は朦朧たる光のハレーションだ（従って「地獄篇」「煉獄篇」ほど面白くない）。なお、「黙示録」では天国を「新しいエルサレム」と呼ぶので、メムリンクの絵のように天国を都市として描いた絵も多い。

臨死体験とムンクの「叫び」

ボッシュの絵が印象的なのは、死者が暗がりを抜けて光の世界に飛び込む様子が、いわゆる臨死体験の報告者の体験談中のシーンによく似ていることにもよる。二〇世紀後半、医学の発達により瀕死の状態から持ち直す患者が増え、死の瀬戸際で見たビジョンを報告するようになった。語り手の主観としては「死後の世界」を垣間見たということなのだが、基本的には脳内現象であろう。臨死体験には文化の差もあり、欧米人は法悦の中でキリストを見たりするが、日本の死者が出会うのは懐かしい故人であり、神仏の存在感は希薄である。世界一般に概ね共通するのは、体外離脱（これは脳の主観的印象であり、日常的に体験する人も多い）、暗がりを抜けたり川などの境界を越える感覚、光の体験などだ。24‐5は日本人に典型的な「川」（三途の川？）と「お花畑」（光の法悦の一種？）、それに体外離脱体験を描いたものである。

最後に、Ⅵ部の扉絵（二一九ページ）に用いたエドヴァルド・ムンクの有名な「叫び」（一

24-5　日本人の臨死体験の典型的なシーンから

川を渡る

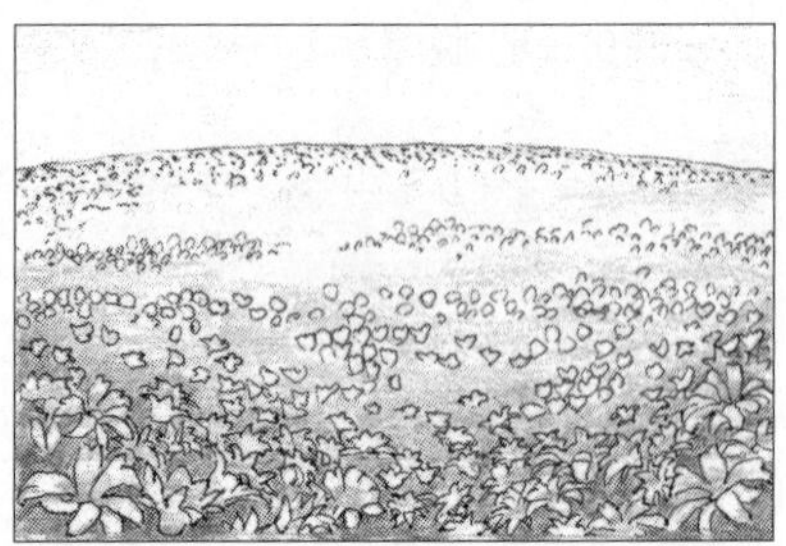
お花畑

体外離脱

八九三年）について解説したい。宗教が後退した現代における、かつての地獄絵に相当するような実存的脅威の図像といえば、これに勝るものはないように思われるからだ。

ムンクはある夕暮れ時、世界の「叫び」を耳にする。絵を描いた地点は故国ノルウェーの首都オスロ（当時の名称はクリスチャニア）の東郊の丘である。耳を押さえている人物は画家自身であり、背景にはオスロ市内の教会堂のシルエットや港湾が描かれている。流れる血のような夕焼け空の描き方に、伝統的な終末絵画の影響を見てとる人もいる。父はほとんど神経症的に敬虔なクリスチャンで、その息子は神経衰弱に悩みながら愛人を次々とつくる罰当たりなボヘミアン芸術家だ。となると、「叫び」には神の審判に対する怖れの要素があると考える人がいたとしても不思議ではない。

当時のノルウェーのキリスト教は、進化論の否定に躍起となるような、今でいうファンダメンタリズムに近いものである。同時に世紀末のこの時代、心霊主義と降霊術が大流行しており、教会の牧師も心霊写真を信じていた。しかし、エドヴァルド自身は父の信仰にも心霊主義にも懐疑的な合理主義者だった。伝記を読むと、彼にとっては宗教それ自体よりも葛藤を抱える個人心理を正しくスケッチすることのほうがいっそう真摯なテーマであったことが分かる。「叫び」における叫びとは、旧世代の古色蒼然たる宗教倫理や絵画観と、新世代の苦をもテーマとする前衛的な人生観ないし絵画観との激しい「文化闘争」の中で発せられたものである。そういう意味でムンクの作品は、宗教画的なタッチを含みつつも、むしろ宗教的心理を突き放して観察する近代的な「科学」の視点の産物だと言えるだろう。

おわりに

「はじめに」からもお分かりのように、本書は宗教を題材とする美術作品の作例を紹介する本でもないし、様式史を概観する本でもない。仏像には無数のタイプがあり、聖書やギリシア神話を題材とする泰西名画も無数にある。それらに関する詳細は美術史の本あるいは美術全集をご覧になってほしい。

宗教とは論理と感性が絡み合う形で成立している文化であることをイメージトリップを通じて理解していただくのが本書の目的だ。章を進めるごとに現れる宗教的視覚表現の新たな地平に、感性的論理の多次元性を看取していただけたとすれば、本書の目的は達成されたことになる。

感性的次元に光を当てるといっても、本書では信仰的情緒に感情移入した解説の仕方を極力避けた。そもそも、宗教の諸相を横断的に眺める試みは、仏教なりキリスト教なりの世界観を相対化することでもある。本書は信仰的な求心力から離脱したニュートラルな文化カタログである。『タイタニック』などの映画に言及したり、ムンクの「叫び」を登場させたり、宗教をパロディにした画像を紹介したりしたのはそのためである。

なお、「図像学」はよく使われる言葉なので、宗教の図像を扱った本書でもこの語を表題に用いた。「図像学」は英語 iconography に相当する言葉で、絵画や彫刻のあれこれの表現の意味や歴史的由来などを体系的に研究する概念である。神学や教学にかかわるものだが、美術作品を主体とする学問だ。寓意像の意味を解説した事典のようなものは近代初期からあったが、そのようなものも図像学の図書である。Iconology という言葉もあるが、これはより狭義で用いられることが多いようだ。美術史と思想、社会、政治などとの関係を総合的に論じる立場である。

最後に、本書を企画提案された中央公論新社の藤吉亮平氏、担当として複雑な編集作業をこなしてくださった楊木文祥氏、デザイナーの市川真樹子氏、イラストレーターの市川洋介氏に謝意を述べたい。

二〇二一年八月

中村圭志

付録　成り立ちや教義がすぐわかる！教養としての宗教ガイド

1　中東生まれの宗教

ユダヤ教

紀元前二千年紀の終わりごろに現パレスチナ地域に出現した**ヘブライ人**（**イスラエル人**）の集団的信仰に始まる。神の名前は**ヤハウェ**とされるが、信者自身は直接呼ぶのを避けてアドナイ（主）と呼ぶ。民族の父祖は族長**アブラハム**とされる。

伝承によれば、イスラエル人は一時期エジプトで奴隷労働に従事し、神と預言者**モーセ**の導きにより解放された。モーセは神から**十戒**や多数の戒律を含む「**律法**」を授かった。紀元前一一世紀に統一王国が生まれ、**ダビデ王**や**ソロモン王**のもとに繁栄したが、まもなく国家は南北に分裂し、北王国は紀元前八世紀に、南王国は紀元前六世紀に異民族によって滅ぼされた。南王国滅亡に際して民族の一部がバビロンに**捕囚**された。この捕囚時代にヤハウェが全宇宙の唯一神ということになり、また、律法の遵守をアイデンティティの要とするユダヤ教の生活様式が定まった。民族はこの時代以降、**ユダヤ人**（**ユダヤ教徒**）と呼ばれる。

中世から現代まで、ユダヤ教徒は**ラビ**と呼ばれる律法の専門家を中心にまとまり、**シナゴーグ**で礼拝し、週に一回の祈りの日である**安息日**を守り、出エジプトを記念する**過越**（すぎこ）**しの祭り**などの年中行事を祝い、食事規定など諸々の戒律を守ることにいそしむ。教典は律法や預言者の書などをまとめた**旧約聖書**である。

キリスト教

ユダヤ人は長らくメシア（救世主）を待望していたが、後三〇年ごろに十字架刑に処されたナザレの**イエス**をメシアと考える者たちの信仰から**キリスト教**が分派した。**キリスト**（元の発音はクリストス、ハリストス）とはメシアのギリシア語訳である。信者たちはキリストは死後に**復活**して弟子の前に姿を現し、その後昇天したと信じた。五〇年代に**パウロ**が各地に教理的な手紙を書き送り、キリストの死を人類の罪を背負う**贖罪**（しょくざい）と考える教え、律法の遵守よりキリストの**信仰**を重視する教えを説いた。一世紀後半にキリストの生涯を信仰の立場から記した四種の**福音書**が書かれた。その後、福音書とパウロ書簡を中心に**新約聖書**が編纂され、五世紀には、父なる神、子なる神キリスト、聖霊なる神を「**三位一体**」とする神学が確立した。

キリスト教の大宗派は、ギリシア、東欧、ロシアに広がる**東方正教会**、南欧や中南米に広がる**ローマカトリック教会**（正教会とカトリックは一一世紀に分裂）、西欧・北欧や北米に広がる**プロテスタント**の諸教会である（プロテスタントは一六世紀にカトリックから独立）。正教会とカトリックでは**司祭**（神父）が神と信徒を仲介し、プロテスタントでは**牧師**が信徒に聖書の教えを示す。正教やカトリックには神への献身を誓った**修道士**や**修道女**がいる。修道院内で祈り働くタイプと、世俗で伝道に努めるフランシスコ会、ドミニコ会、イエズス会のようなタイプがある。日曜ごとにキリストを記念する儀礼（**聖餐式**、ミサ、聖体礼儀などと呼ばれる）が行なわれ、年中行事として**降誕祭**（クリスマス、一二月二五日）と**復活祭**（イースター、春分後の最初の満月の次の日曜日）などがある。

イスラム教

七世紀にアラビア半島の交易都市**メッカ**の交易商人**ムハンマド**がユダヤ教・キリスト教と同じ唯一神（アラビア語で**アッラー**）から啓示を受けたとされる。ムハンマドと信者たちは迫害を避けてメディナに移住し（**聖遷**）、そこで新たな共同体をつくった。やがてアラブ諸部族の支持を集めたムハンマドと信者たちはメッカに戻り、市民たちの改宗に成功した。

折々に降った神の啓示を信者たちが記憶していたが、ムハンマドの死後に**コーラン**（クルアーン）として編集された。

イスラームは唯一神への帰依を、**ムスリム**はその帰依者を意味する。コーランの教えに従うのがイスラム教徒の理想だが、そのための規範がのちに**シャリーア**（イスラム法）として整備される。ここには儀礼に関する法、民法、商法、刑法に相当する諸法が含まれる。法の学者は集合的に**ウラマー**と呼ばれ、モスクでの礼拝の導師など種々の指導者は**イマーム**と呼ばれる。宗派としては、指導者の系譜をめぐって主流派の**スンナ派**と少数派の**シーア派**に分かれる。スンナ派は四つの法学派に分かれる。

信仰生活の基本は、唯一神、天使、諸々の使徒（ムハンマドの他にユダヤ教の預言者やキリスト教のイエスを含む）、諸々の啓典（コーランの他に律法や福音書を含む）、来世（審判後の楽園と火獄）と定命（人間の運命に関する神の決定）の六つを信じること（**六信**）、また、信仰告白、日に五回の礼拝、喜捨、ラマダーン月の断食、メッカ大巡礼の五つを実践すること（**五行**）とされる。伝統的に、**スーフィー**と呼ばれる修行者の神秘主義的儀礼も盛んである。

ゾロアスター教

紀元前一千年紀のある時期、**ザラスシュトラ**（ゾロアスター）と呼ばれるペルシアの神官が、ペルシアの伝統的な神々の信仰を整理し、善神**アフラ・マズダー**を中心とする信仰体系を造った。善神と対抗するのが悪霊**アンラ・マンユ**である。この二者が対決を続ける二元論的な構造をもつとされるが、教えの内容は時代により大きく変わっている。人間は死後と終末において審判を受けるが、終末には救世主が現れる。火を神聖視するので**拝火教**とも呼ばれる。構造的に一神教に近く、旧約聖書などに影響を与えたとされる。中世以降衰微し、現在はインドに**パールシー**という少数派集団をつくっている。

2　インド生まれの宗教

ヒンドゥー教

ヒンドゥー教はインド半島で古代から続く土着の多神教である。最も古い段階のものはしばしば**婆羅門**（バラモン）**教**と呼ばれる。紀元前一二世紀ごろから数世紀かけて段階的に**ヴェーダ**と呼ばれる根本聖典が編纂された。ヴェーダには戦闘神**インドラ**や火神**アグニ**などの古い神々の賛歌が含まれている。ヴェーダの哲学部門である**ウパニシャッド**には、個人の本質と宇宙の本質との一致（**梵我一如**（ぼんがいちにょ））や**輪廻転生**（りんねてんしょう）などが説かれる。紀元前五世紀ごろからしばらくのあいだは仏教など自由思想（ヴェーダの権威を離れた思想運動）が人気を集めたが、後四〜六世紀のグプタ朝では土着の神々の信仰が巻き返し、今日の**ヒンドゥー教**が成立した。『**マハーバーラタ**』『**ラーマーヤナ**』という長大な叙事詩が成立し、その中に歌われているのがヒンドゥー教徒の人生の理想だとされるようになった。

ヒンドゥー教で人気の高い神は、宇宙を保持する温和な男神**ヴィシュヌ**、破壊と再生を象徴する犠牲的な男神**シヴァ**、魔的なパワーを秘めた**ドゥルガー**などの女神たちである。信者は各々の身分に応じた役割を全うする義務を負うのみならず、神々への信仰（**信愛**）や瞑想行**ヨーガ**によって解脱の境地に向かうことを理想とする。インド社会はジャーティと呼ばれる複雑な身分や職業の集団に分かれているが、理念的には祭司（婆羅門）、王族、庶民、隷民の四階級に分けられ、全体として**カースト制度**と呼ばれる。

仏教

紀元前五世紀ごろのインドでは、婆羅門教の伝統的権威に服さないいくつかの自由思想が開花した。その一つが**釈迦**（本名ガウタマ・シッダールタ）が開いた**仏教**である。釈迦は修行の末に悟りをひらき**輪廻**を**解脱**したとされ、「目覚めた者」を意味する**ブッダ**（仏陀、仏、ほとけ）の称号を得た。仏教では**出家**の修行者と**在家**の信者の二段階構成をとる。

初期仏教のスタイルを保持しているのが、スリランカや東南アジア（ミャンマー、タイ、カンボジア）の**テーラワーダ仏教**（上座部仏教）である。出家者は煩悩の認識と覚醒を定式化した**四諦**、質素な生活や瞑想などを定式化した**八正道**に従い、二〇〇を超える戒律を守って集団生活をする。経典は**パーリ語**で書かれたものを用いるが、それには**スッタニパータ**、**ダンマパダ**（法句経）など最初期のものや、直弟子たちの感懐を記したもの、釈迦の前世を語る神話などが含まれる。

西暦紀元前後に派生した**大乗仏教**では、民衆を救う大きな乗り物を自称し、様々な修行・信仰形態を許容した。初期から釈迦は神格化されていたが、大乗仏教には釈迦をモデルにした無数の**如来**（ブッダと同じ意味）や、若き日の釈迦をモデルにした**菩薩**と呼ばれる無数の神話的求道者の功徳が説かれている。経典は**サンスクリット語**で新たに制作された**大般若経**、**法華経**、**華厳経**、**無量寿経**、**大日経**などを用い、東アジアにそれぞれ漢訳によって今日に伝えられている。

インドの大乗仏教は後五世紀以降に、呪術性を高めてヒンドゥー教に似たものとなった**密教**が主流となり、これがチベットに伝わっている。その後インドでは仏教は滅んだ。

中国人は千年にわたってインド伝来の経典を漢訳し、教理を再構築した。最終的に坐禅を中心として中国式の規範をもつ**禅**と、阿弥陀如来の救いによる**極楽往生**を願う**浄土信仰**とが主流となった。

日本人は中国の仏教を漢訳仏典とともに受容した。七世紀に奈良盆地に盛んに寺院が造られ、ここで仏教の研究が始まった（**南都仏教**）。九世紀の**最澄**による天台宗と**空海**による真言宗は密教を日本に定着させた（天台宗は密教よりも法華経の信仰が中心）。**法然**（浄土宗）、**親鸞**（浄土真宗）、**一遍**（時宗）は浄土信仰を、**栄西**（臨済宗）と**道元**（曹洞宗）は禅を、**日蓮**（日蓮宗）は法華経の信仰を発展させ、後世の日本仏教の礎を築いた。

ジャイナ教

紀元前五世紀、釈迦と同時代の**ヴァルダマーナ**（称号はマハーヴィーラあるいはジナ）を開祖とする輪廻からの解脱を目指す宗教で、教理内容は仏教によく似ており、出家と在家の二段階制度をとっている。一般に仏教より不殺生戒などの戒律が厳しく、虫も殺さないように農業を避け、商人として暮らす信者が多い。今日インドで少数派として存続している。社会的影響力は比較的高い。

シク教

一五、一六世紀の**グル・ナーナク**を開祖とするヒンドゥー系の宗教。輪廻を信じる一方、イスラム教のように神を唯一の存在とし、偶像崇拝やカーストを否定する。初代から一〇代までのグル（指導者）の権威を教典『**グラント・サーヒブ**』が引き継いでいる。護教のために造られた男子結社**カールサー**では長髪をターバンに納め、髭を伸ばし、独自の櫛、下着、腕輪、短刀を身に帯びる。

3　東アジア生まれの宗教

儒教と道教

紀元前六、五世紀の**孔子**は、祖先祭祀など太古からの社会的儀礼を**仁**や**礼**などの徳によって組織した。ここから**儒教**が始まる。孔子の言行録が『**論語**』である。『**孟子**』の「父子親あり、君臣義あり、夫婦別あり、長幼序あり、朋友信あり」が儒教の**五倫**（ごりん）として知られる。孔子を祀る堂が孔子廟である。

儒教が社会の公的秩序をなすとすれば、その対極の私的な霊的願望を宗教としてまとめたのが**道教**である。神々や仙人の信仰を中心に、不老長寿を目指す。**老子**と**荘子**の道家思想の説く**道**や**無為自然**を理想とし、老子を神として信仰する。お札の信仰、**気功**、**風水**など様々な呪術的思想を取り込んでいる。修行者・祭司を**道士**、寺院を**道観**と呼ぶ。

神道

日本に伝来した仏教は、土着の**神々**を仏教の守護神として位置付けたり、諸仏の化身した姿として位置付けたり（本地垂迹説）した。次第に教理的な肉付けを施していった神々の信仰は神道としてのアイデンティティを獲得した。『**古事記**』『**日本書紀**』には、アマテラス、スサノヲ、オホクニヌシなどの登場する神話が含まれる。神道の祭司は**神主**、ご神体を納めた建築物は**神社**と呼ばれる。

4　その他の宗教

以上の大宗教が広まる以前には無数の民族的宗教が世界各地に展開していた。キリスト教以前のヨーロッパではギリシア、ローマ、ケルト、ゲルマン、スラブなど民族ごとに様々な神々が尊崇を受けていた。イスラム以前の中東にも、アッシリアやバビロニア、シリア、カナン、エジプト、ペルシア等々にそれぞれ独自の神話世界が広がっていた。古代の一時期には**ミトラス教**、**マニ教**、**グノーシス主義的諸教派**が勢力をもったこともあったが、キリスト教やイスラム教の拡大とともに勢力を失った。古代のインドの神々はヒンドゥー教に吸収され、東アジアの神々も姿を変えてそれぞれ道教や神道となっている。他のアジア地域、アフリカ、ポリネシア、北米、中米（マヤやアステカなど）、南米（インカなど）にも様々な民族的宗教が、近現代における西洋文化・宗教の進出まで、地域の主流の信仰形態であり続けた。

近現代でも様々な宗教が生まれている。一九〜二〇世紀にメラネシアでは祖先の霊が財宝満載の船（あるいは飛行機）で訪れるという信仰が様々に展開した（**カーゴ・カルト**と総称されている）。中南米ではアフリカ系の信仰の展開として**ブードゥー教**や**カンドンブレ**などが行なわれ、エチオピア皇帝を救世主とするジャマイカの**ラスタファリ**のような信仰運動も生まれた。日本では幕末から昭和にかけての社会変動期に**新宗教教団**が多数生まれた。一九世紀にアメリカのジョセフ・スミスが開いた独自の教典をもつ通称**モルモン教**（末日聖徒イエス・キリスト教会）もまたしばしばキリスト教系の独自の宗教に数えられる。現代の欧米ではキリスト教の伝統を離れた**ニューエイジ**と呼ばれるゆるやかな霊的運動が盛んであり、しばしばそれは仏教やヒンドゥー教の輪廻信仰や瞑想の伝統を取り入れている（他に占星術やUFO信仰なども取り込んでいる）。

一神教（ユダヤ教、キリスト教、イスラム教）の世界観

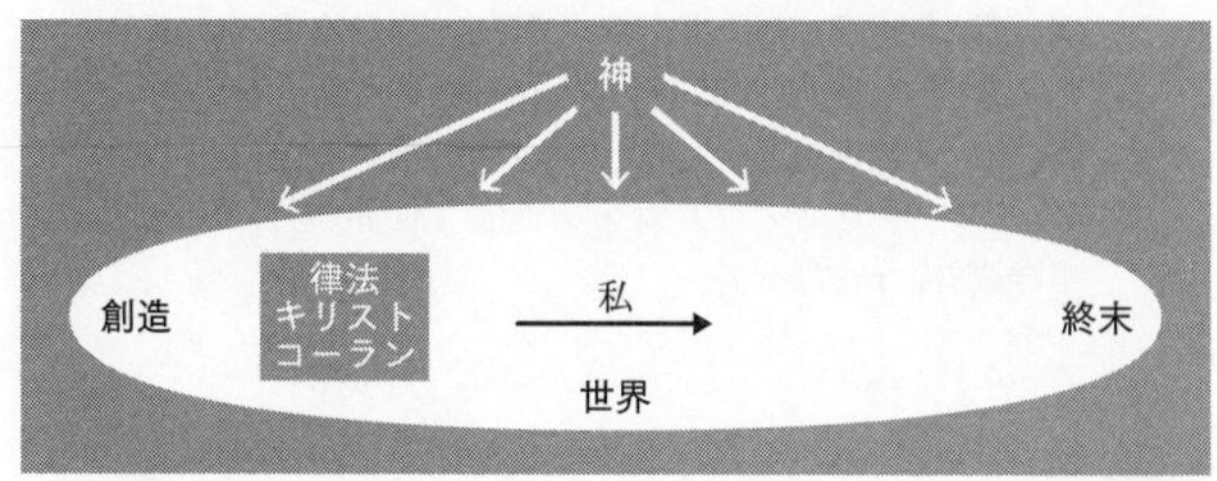

ユダヤ教、キリスト教、イスラム教の三つの一神教はいずれも、唯一絶対の**神**を中心とする世界観をもっている。神は私を含む世界の全体の創造者である。時間は**創造**から**終末**に向かって流れる。矢印で示した私の人生（誕生から死まで）は、世界の時間の流れの中に位置付けられる。私の行動規範となるのは、過去に啓示された**律法**（ユダヤ教の場合）、**キリスト**の模範（キリスト教）、**コーラン**（イスラム教）である。この規範によって、私は死後もしくは終末において神に**審判**され、天国（楽園）や地獄（火獄）に向かう。

輪廻宗教（ヒンドゥー教、仏教など）の世界観

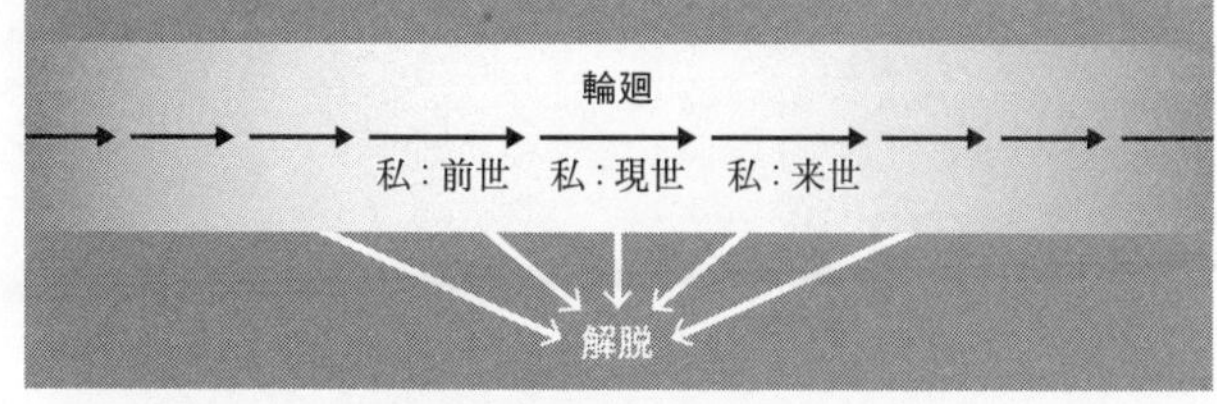

インド生まれの宗教は**輪廻**を世界観の基本とする。私の**現世**の前には前世、その前の前世……があり、後ろには**来世**、その後の来世……がある。個人はばらばらに転生し、世界は原則として永遠に続く。善き生を送ると好ましい来世が、悪しき生を送ると苦しい来世（地獄を含む）が来る。輪廻と対比される永遠の状態が**解脱**であり、ヒンドゥー教ではブラフマン（**梵**）への帰一、仏教ではニルヴァーナ（**涅槃**）とされる。ヒンドゥー教では**ヨーガ**や神々の信仰によって、仏教では**坐禅**などの修行や**諸仏諸菩薩**の信仰によって解脱が達成される。

22-9　東京国立博物館デジタル・コンテンツ　C0043198 百鬼夜行図（異本）（模本）- 東京国立博物館 画像検索（tnm.jp）

23-1；23-3（上の右）　デイヴィッド・マクラガン『イメージの博物誌20 天地創造』，平凡社，p.43, 52-53

24-1（中）　セルジウス・ゴロウィン他著『世界の神話文化図鑑』，東洋書林，p.274

＊下記はいずれもパブリックドメイン

PART Ⅰ扉；PART Ⅲ扉；PART Ⅵ扉；2-3（左，右）；4-2；4-6；5-4；5-5；6-3；8-7；8-8；9-5；9-6；9-9；10-2；11-2（右）；13-9（上）；14-1；14-3；15-1（右）；15-5；15-7；17-2；20-5；20-10；21-6；21-9；22-2；23-2（上，下）；23-3（上の左，下）；24-1（上，下）；24-3（左，中，右）；24-4（左，右）

17-6；20-2（左から２つめ）『岩波世界の美術 イスラーム美術』，岩波書店，p.42, 281

17-7 Cornell University Library Digital Collections: Obelisci Aegyptiaci: The Minervan, or Piazza della Minerva, or Elephant obelisk - Cornell University Library Digital Collections: Images from the Rare Book and Manuscript Collections (digital. library. cornell. edu)

17-8 フォルケ・ストレム『古代北欧の宗教と神話』，人文書院，図版20

17-9 増尾伸一郎，丸山宏編『道教の経典を読む』，大修館書店，p.223

18-3（上）；20-3（右） 日本建築學會編『日本建築史圖集』新訂第二版，彰國社，p.6, 13

18-3（下） 国土地理院２万5000分の１地形図

18-7 日本イスラム協会他編『新イスラム事典』，平凡社，p.495

20-2（右端）『世界美術大全集東洋編４ 隋・唐』，小学館，p74

20-2（下）；20-3（左，中） 日本建築學會編『東洋建築史圖集』三訂版，彰國社，p.26, 70, 97

20-4；21-3；21-8 岩田慶治監修『アジアのコスモス＋マンダラ』，講談社，p.15, 115, 144

20-6；22-6 国立西洋美術館1990年９～11月『ウィリアム・ブレイク展』カタログ，p.165, 243

20-7（左，右） Gérard Legrand, *La Septième Face du Dé, Giorgio de Chirico*, filipacchi, p.23, 30

20-9 Bertrand Lemoine, *La Tour de 300 Mètres*, Taschen

21-1（上，下の左，下の右）『故宮博物院１-南北朝～北宋の絵画』，NHK 出版，p.40, 46, 50

21-7 朝鮮総督府編『朝鮮の風水』，国書刊行会，p.17

22-3；22-7 フランシス・ハックスリー『イメージの博物誌13 龍とドラゴン』，平凡社，p.40, 52-53

22-5 平松洋『終末の名画』，学研パブリッシング，p.95

22-8 加地伸行『孔子画伝——聖蹟図にみる孔子流浪の生涯と教え』，集英社，p.17

贊集 十六羅漢圖贊集１－佛教大学図書館デジタルコレクション (bird.bukkyo-u.ac.jp)

8-9 『日本の絵巻20 一遍上人絵伝』，中央公論社，p.195

11-8 P. Thomas, *Hindu Religion, Customs and Manners*, Fourth Revised Edition, D. B. Taraporevala Sons & Co. Private Ltd., India 図版253

11-9 マイケル・D. コウ，マーク・ヴァン・ストーン『マヤ文字解読辞典』，創元社，p.123

12-2 町田甲一『仏像──イコノグラフィ』，岩波書店，p.33

12-4（中，右）『世界美術大全集東洋編６ 南宋・金』，p.68

13-3（左） Internet Archive BIBLIA DEL OSO : Free Download, Borrow, and Streaming : Internet Archive (archive.org)

13-3（右） C.G. ユング『心理学と錬金術』Ⅰ，人文書院，p.157

14-2 国立文化財機構所蔵品統合検索システム ColBase：https://colbase.nich.go.jp/

15-3 田中公明『両界曼荼羅の誕生』，春秋社，p.45

15-4（左，右）『京都東寺秘蔵 曼荼羅の美と仏』，東京美術，p.8, 30

15-6；19-1（上，下）；20-2（左端） 日本建築學會編『西洋建築史圖集』三訂版，彰國社，p.28, 39, 45

15-8 ジェスリン・ゴドウィン『キルヒャーの世界図鑑』，工作舎，p.165

16-2 Ashmolean Museum of Art and Archeology (UK) Pamiętaj o śmierci. Rozmowa Mistrza Polikarpa ze Śmiercią - Zintegrowana Platforma Edukacyjna (zpe.gov.pl)

16-4 The Walters Art Museum (Maryland, USA) The Divine and the Dead: An Analysis of the Śava-Vāhana through images of Cāmundā and Kāli - Abhijna e-Museum (abhijna-emuseum.com)

16-6；20-2（右から２つめ）『世界美術大全集東洋編14 インド⑵』，小学館，p.153, 216

16-7 Alexander Roob, *The Hermetic Museum, Alchemy & Mysticism*, Taschen, p.366

図版出典一覧

PART II 扉　Phillip Maiwald (Nikopol)／CC BY-SA 3.0
PART IV 扉（挿画）　竹友藻風訳『天路歴程』第一部，岩波文庫，p.45 図版
PART IV 扉（文字）　Internet Archive　Bunyan's Pilgrim's progress illustrated: Bunyan, John, 1628-1688 : Free Download, Borrow, and Streaming : Internet Archive (archive.org)
PART V 扉　『故宮博物院 4　明の絵画』，NHK 出版，p.63

1-2（左）『ライフ人間世界史 2　ローマ帝国』，タイム ライフ インターナショナル，p.167
2-5　『別冊太陽 白隠』，平凡社，p.77
2-6　古田紹欽『仙厓』，出光美術館，p.56
3-1　『世界美術大全集14 北方ルネサンス』，小学館，p.177
3-3　『世界美術大全集 6　ビザンティン美術』，小学館，p.303
5-1（左，右）；5-3　『新修日本絵巻物全集 1　絵因果経』，角川書店，p.2，6−7；原色図版 5
6-2　『日本の美術267 仏伝図』，至文堂，p.79
7-3　保坂俊司『シク教の教えと文化』，平河出版社，p.88
7-4；13-5　Oleg Grabar, *Mostly Miniatures, An Introduction to Persian Painting*, Princeton University Press, p.92
7-6（左）　The Victorian Web　"Moses breaking the Tablets of the Law" by Gustave Doré from "The Holy Bible with Illustrations" (victorianweb.org)
8-3；14-5　『世界美術大全集10 ゴシック 2』，小学館，p.13, 358
8-4（左）　若桑みどり『聖母像の到来』，青土社，p.240
8-6（左，右）　佛教大学図書館デジタルコレクション：十六羅漢圖

イラスト：市川洋介
　　　　朝日メディアインターナショナル
DTP：市川真樹子

中村圭志（なかむら・けいし）

1958年北海道生まれ．東京大学大学院人文科学研究科博士課程満期退学（宗教学・宗教史学）．宗教研究者，翻訳家，昭和女子大学非常勤講師．
著書『宗教のレトリック』（トランスビュー）
『教養としての宗教入門』（中公新書）
『教養としてよむ世界の教典』（三省堂）
『図解 世界5大宗教全史』（ディスカヴァー・トゥエンティワン）
『聖書、コーラン、仏典』（中公新書）
『人は「死後の世界」をどう考えてきたか』（角川書店）
『西洋人の「無神論」日本人の「無宗教」』（ディスカヴァー・トゥエンティワン）
『図解 世界5大神話入門』（ディスカヴァー・トゥエンティワン）
『24の「神話」からよむ宗教』（日経ビジネス人文庫）
『世界の深層をつかむ宗教学』（ディスカヴァー・トゥエンティワン）ほか．

宗教図像学入門（しゅうきょうずぞうがくにゅうもん）
中公新書 2668

2021年10月25日初版
2021年11月20日 3 版

著　者　中村圭志
発行者　松田陽三

本文印刷　三晃印刷
カバー印刷　大熊整美堂
製　　本　小泉製本

発行所　中央公論新社
〒100-8152
東京都千代田区大手町 1-7-1
電話　販売 03-5299-1730
　　　編集 03-5299-1830
URL http://www.chuko.co.jp/

Published by CHUOKORON-SHINSHA, INC.
Printed in Japan　ISBN978-4-12-102668-2 C1214

中公新書刊行のことば

一九六二年一一月

いまからちょうど五世紀まえ、グーテンベルクが近代印刷術を発明したとき、書物の大量生産は潜在的可能性を獲得し、いまからちょうど一世紀まえ、世界のおもな文明国で義務教育制度が採用されたとき、書物の大量需要の潜在性が形成された。この二つの潜在性がはげしく現実化したのが現代である。

いまや、書物によって視野を拡大し、変りゆく世界に豊かに対応しようとする強い要求を私たちは抑えることができない。この要求にこたえる義務を、今日の書物は背負っている。だが、その義務は、たんに専門的知識の通俗化をはかることによって果たされるものでもなく、通俗的好奇心にうったえて、いたずらに発行部数の巨大さを誇ることによって果たされるものでもない。現代を真摯に生きようとする読者に、真に知るに価いする知識だけを選びだして提供すること、これが中公新書の最大の目標である。

私たちは、知識として錯覚しているものによってしばしば動かされ、裏切られる。私たちは、作為によってあたえられた知識のうえに生きることがあまりに多く、ゆるぎない事実を通して思索することがあまりにすくない。中公新書が、その一貫した特色として自らに課すものは、この事実のみの持つ無条件の説得力を発揮させることである。現代にあらたな意味を投げかけるべく待機している過去の歴史的事実もまた、中公新書によって数多く発掘されるであろう。

中公新書は、現代を自らの眼で見つめようとする、逞しい知的な読者の活力となることを欲している。

中公新書

芸術

k 1

2072 日本的感性　佐々木健一
1296 美の構成学　三井秀樹
1741 美学への招待（増補版）　佐々木健一
1220 書とはどういう芸術か　石川九楊
1994 カラー版 イタリア・ロマネスクへの旅　池田健二
118 フィレンツェ　高階秀爾
385 386 カラー版 近代絵画史（増補版）（上下）　高階秀爾
1781 マグダラのマリア　岡田温司
2188 アダムとイヴ　岡田温司
2369 天使とは何か　岡田温司
2425 カラー版 ダ・ヴィンチ 絵画の謎　斎藤泰弘
2232 ミケランジェロ　木下長宏
2614 カラー版 ラファエロ—ルネサンスの天才芸術家　深田麻里亜
2292 カラー版 ゴッホ〈自画像〉紀行　木下長宏
2513 カラー版 日本画の歴史 近代篇　草薙奈津子
2514 カラー版 日本画の歴史 現代篇　草薙奈津子
2478 カラー版 横山大観　古田亮
1827 カラー版 絵の教室　安野光雅
2562 現代美術史　山本浩貴
1103 モーツァルト　H・C・ロビンズ・ランドン 石井宏訳
1585 オペラの運命　岡田暁生
1816 西洋音楽史　岡田暁生
2630 現代音楽史　沼野雄司
2009 音楽の聴き方　岡田暁生
2606 音楽の危機　岡田暁生
2395 ショパン・コンクール　青柳いづみこ
2569 古関裕而—流行作曲家と激動の昭和　刑部芳則
1854 映画館と観客の文化史　加藤幹郎
2247 2248 日本写真史（上下）　鳥原学

中公新書

宗教・倫理

b1

- 2293 教養としての宗教入門　中村圭志
- 2459 聖書、コーラン、仏典　中村圭志
- 2158 神道とは何か　伊藤聡
- 1130 仏教とは何か　山折哲雄
- 2135 仏教、本当の教え　植木雅俊
- 2616 法華経とは何か　植木雅俊
- 2416 浄土真宗とは何か　小山聡子
- 2365 禅の教室　藤田一照・伊藤比呂美
- 134 地獄の思想　梅原猛
- 989 儒教とは何か（増補版）　加地伸行
- 1707 ヒンドゥー教―インドの聖と俗　森本達雄
- 2261 旧約聖書の謎　長谷川修一
- 2076 アメリカと宗教　堀内一史
- 2360 キリスト教と戦争　石川明人
- 2642 宗教と過激思想　藤原聖子
- 2453 イスラームの歴史　K・アームストロング　小林朋則訳
- 2639 宗教と日本人　岡本亮輔
- 2306 聖地巡礼　岡本亮輔
- 2310 山岳信仰　鈴木正崇
- 2499 仏像と日本人　碧海寿広
- 2598 倫理学入門　品川哲彦
- 2668 宗教図象学入門　中村圭志